中华精神家园

信仰之光

文化主体

天人合一的思想内涵

（下） 肖东发 主编 杨国霞 编著

中国出版集团

现代出版社

古城的法天象地思想（二）

　　秦汉时期的城市建筑，是我国早期建筑中"相土尝水，法天象地"的杰出代表。对天象的模仿，构成了秦汉宫苑空前庞大的格局。

　　汉代人相信，天上以中宫北极星为中枢，有一个秩序严整的"王国"，即《史记·天官书》所说的"斗为帝车，运于中央"，于是，人间以东岳泰山对东之苍天，以西岳华山对西之昊天，以中岳嵩山对中之均天；同时，山川形势也与之对应。因此，汉长安城按照"体象乎天地"的原则，设计为南斗星座与北斗星座的聚合，故而称为"斗城"。

　　隋代建造大兴城时，隋文帝令宇文恺监建。宇文恺是当时的城市规划和建筑工程专家，他在监造大兴城时，也是"相土尝水，法天象地"。当时的大兴城建设，关系到隋王朝的巩固与发展，也影响着都城多方面的发展，因此，在建筑布局上总要有一些原则与方法。从大兴城的平面布局来看，所谓"建邦设都，必稽玄象"的"法天"思想在这里得到了更大的发挥与阐扬。

　　宇文恺设计的大兴城布局，宫城、皇城、外郭平行排列，以宫城

■ 唐长安西市模型

象征北极星，以为天中；以皇城百官衙署象征环绕北辰的紫微垣；外郭城象征向北环拱的群星。这种规划布局，增加了皇帝君权神授思想的神秘色彩。

在设计大兴城的街数、坊数时，宇文恺也都有所依凭。大兴城中东西、南北交错的 25 条大街，将全城分为两市 108 坊。其中以朱雀大街为界将城区分为东西两部分：东部本应有 55 坊，因城东南角曲江风景区占去两坊之地，故实领 53 坊；西部有一市 55 坊。

108 坊的排列恰好对应寓意 108 位神灵的 108 颗星曜；南北排列 13 坊，象征着一年有闰；皇城以南东西各 4 坊，象征着一年 4 个季节；皇城以南，南北 9 坊，象征着《周礼》一书中的"五城九逵"。宇文恺的这些具有象征意义的设计，其实是古代都城设计遵循的普遍规律。

从土岗的高度看，地势从南到北渐次降低，宫城所处的位置则相对较低。当时没有把宫城设置在最高处是另有原委的。

■ 北京紫禁城建筑

宇文恺根据天上星宿的位置，最为尊贵的紫微宫居于北天中央，它以北极为中枢，东、西两藩共有15颗星环抱着它。紫微宫即有皇宫的意思，皇帝贵为天子，地上的君主和天上的星宿应该相对应。因此，宇文恺认为只能把皇宫布置在北边中央位置，而且北边有渭河相倚，从防卫的角度看，也比较安全。

宇文恺不仅斟酌地势，巧布大局，又将宫城南面之门命名为"朱雀门"，将宫城内太极宫的北门命名为"玄武门"，此皆来源于传统家居坐向中的"左青龙、右白虎，前朱雀、后玄武"之说。在太极宫中太极殿以北建有两仪殿，"两仪"之称谓，乃是出自《周易》"易有太极，是生两仪，两仪生四象，四象生八卦"之语，其"万物化生"的寓意显而易见。大兴城在唐代时改名为长安城，也是唐代的都城。

"法天象地"思想在明清时期北京城的建设中也

紫微星 又称北极星。如果把天比作一个漏斗，那紫微星则是这个漏斗的顶尖。我们把这种像"被群星围绕的紫微星"的人称作紫微下凡的命。古来的研究者都把紫微星当成"帝星"，所以命宫主星是紫微的人就是帝王之相，故有"斗数之主"的称号。

宫门中的天坛祈年殿

有鲜明体现。明清时期北京城就是按照天上的星相来建造的，紫禁城正对着紫微星，把古代建筑"天人合一"的思想表现得淋漓尽致。

明清时期北京城设有9个门。东方代表春，是少阳，所以日坛和朝阳门在城东；西方代表秋，是少阴，所以月坛和阜成门在城西；春生，夏长，秋收，冬藏，所以城西门名阜成，指秋季丰收；左文右武，所以左有崇文门，右有宣武门。

天上紫微垣是上帝的居处，地上建紫禁城与之对应，是人主的居处。地支中，子在北，午在南，所以故宫南门叫午门；天为阳，南方为阳，所以故宫南有天安门、正阳门，天坛在城南；地为阴，北方为阴，所以故宫北有地安门，地坛在城北。

东方神为青龙，西方神为白虎，南方神为朱雀，北方神为玄武，所以故宫北门名玄武门。后来为回避清代康熙皇帝玄烨的名讳，改名神武门。

天上有太微、紫微、天帝三垣，因此故宫前朝有太和殿、中和殿、保和殿。紫微垣十五星，故宫后寝中央是乾清宫、交泰殿、坤宁宫，左右是东西六宫，总计15宫。皇帝是天子，承担着辅佐天地、领导人民的使命，因此，后三宫命名为乾清宫、交泰宫、坤宁宫。

北京的天坛、地坛、日坛、月坛也是根据"法天象地"的原则设计的。其中的天坛成为代表我国"天人合一"宇宙观最伟大的建筑。

北京天坛是世界上最大的古代祭天建筑群。在我国，祭天仪式起源于周代，自汉代以来，历朝历代的帝王都对此极为重视。明永乐以后，每年冬至、正月上辛日和孟夏，帝王们都要来天坛举行祭天和祈谷的仪式。如果遇上少雨的年份，还会在圜丘坛进行祈雨。在祭祀前，通常需要斋戒。祭祀时，除了献上供品，皇帝还要率领文武百官朝拜祷告，以祈求上苍的垂怜施恩。

天坛建筑的主要设计思想就是要突出天空的辽阔高远，以表现"天"的至高无上。在布局方面，内坛

上辛日 指农历每月的第一个辛日。古代以甲子计日，每十日必有一个辛日。其中每年正月上辛日，为帝王祈求丰年之日。若遇特殊情况，如国家有丧事等，则由皇帝降旨，可于改期，于正月的次辛日或下辛日举行。

■ 天坛具服台

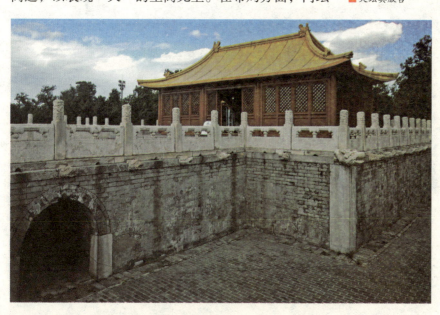

位于外坛的南北中轴线以东，而圜丘坛和祈年坛又位于内坛中轴线的东面，这些都是为了增加西侧的空旷程度，使人们从西边的正门进入天坛后，就能获得开阔的视野，以感受到上天的伟大和自身的渺小。就单体建筑来说，祈年殿使用了圆形攒尖顶，它外部的台基和屋檐层层收缩上举，也体现出一种与天接近的感觉。

天坛还处处展示着我国传统文化所特有的寓意、象征的表现手法。北圆南方的坛墙和圆形建筑搭配方形外墙的设计，都寓意着传统的"天圆地方"的宇宙观。而主要建筑上广泛地使用蓝色琉璃瓦，以及圜丘坛重视"阳数"、祈年殿按天象列柱等设计，也是这种表现手法的具体体现。

总之，"天人合一"思想贯穿于我国古代城市建筑中，体现了自然环境与城市文化形态的和谐统一，显示出古人超凡的智慧。

阅读链接

吴王阖闾去世后，他的儿子夫差继位。夫差任用奸臣，朝纲不振，伍子胥几次进谏，他都不听，甚至逼他自尽。伍子胥气得浑身颤抖，悲愤地说："我死后，把我的头颅挂在城门口，我要亲眼看看越军是怎样打进城来的，否则，我死也不瞑目！"据说，伍子胥自刎后，他的头颅就悬挂在西面的城门上。越王勾践果然率大军兵临城下时，伍子胥的头颅，突然胀得像车轮大，两眼发出刺人的光芒，须发怒张，威风凛凛，吓得越军不敢前进。

后人为了纪念伍子胥，便把悬挂过他人头的城门叫胥门；胥门外通向太湖的一条大河叫胥江，入湖口叫胥口；还在太湖边上造了一座胥王庙，封他为镇湖的湖神。

古村的天人合一理念

在安徽歙县有一个棠樾村，棠樾从宋以前，就有鲍、汪、董等姓居住。村名"棠樾"二字，来源于《诗经·甘棠》篇召公的故事。

召公名姬奭，也称召康公、召伯，是周文王之子，周武王、周公

棠樾村牌坊

■ 棠樾村牌坊群

世外桃源 原指与现实社会隔绝、生活安乐的理想境界。后也指环境幽静生活安逸的地方。借指一种空想的脱离现实斗争的美好世界。典出于陶渊明《桃花源记》描述的一个与世隔绝、没有遭到祸乱的美好地方。

旦的同父异母弟。召公推行周文王的政令时，深入民间，来到棠樾村，在一棵甘棠树下办公，甚得民心。

后来，当地的人们特意保护那棵甘棠，让它枝叶茂盛，清荫满地，还把甘棠树阴简称"棠阴"，寓意召公的"德政"。棠樾的"樾"字，即指那棵甘棠树荫而言。

棠樾村的文化底蕴不止这些，它的选址符合所谓"枕山、环水、面屏"的原则。棠樾村以富亭山为屏，面临沃野，源自黄山的丰乐河由西而东穿流而过，周围树木茂盛。这样的地方，正是东晋田园诗人陶渊明所描写的"世外桃源"。

棠樾人把自己置身于大自然当中，仿佛自己就是当中的一分子。这种"天人合一"的村庄布局理念，正是我国古村落建筑所一贯坚守的。

我国古村落建筑各有特点，比如徽派建筑有徽派建筑的特点，苏式建筑有苏式建筑的特点，这些古村落的外在体现或许各异，但其也有内在规律可循，一般都会在村庄选址、村庄建筑及附属设施上遵循一定的规矩。

古代村庄选址是一件非常严肃的事情，要遵循一定的规律，这在一些山区村落体现得尤为明显。

江南山区的很多古村落，大都是坐北朝南，村后常常有一座挺拔的山，左右两边则有高度相对低一点的小山，村前一般都有一条小溪环抱。

山区古村落的这些共同点并不是巧合，而是有地理上和生产上的意义。我国地处北半球，一到冬天就多北风、大雪，选择坐北朝南、背靠大山，在背风一面造房子，可以有效保暖保温，防止北风直吹。东西两个方向有小山也是同样的道理，东西风比较干燥，只有南风温暖湿润，可以带来降水，有利于农业生产。

村前有溪流也同样是出于农业生产考虑。我国传统社会是农耕社会，水利是农业生产的命脉，家畜、农作物都要依赖水源才能生存。便利的取水环境，是古代村庄选址必须考虑的重要因素。

从考古成果上看，南方的古村落从新石器时代开始，一般都建在海拔55米至65米的高度。这个高度和江南一带的河流高度息息相关。

选择这个海拔高度建村，既方便取水灌溉，又可以有效避免水涝灾害。同理，村庄虽然要选择背靠大山，但又要离山脚有一定的距离，这也是为了避免泥石流等自然灾害。

古人选择村址，除了考虑以上几点，还要考察"靠山"的环境。从传统风水学来说，就是看看"山龙"的龙毛、龙肉、龙血。剥除其神秘的面纱，其实就是看看山的植被、土壤土质、山泉。只有植被丰

阳山古村正堂

茂、土层肥厚、山泉潺潺的山才是最适合定居的。

选定了建村地址，如何使村庄的建筑与周边环境相协调也有一定规矩。古代村庄建筑规矩多，一般的老百姓只能住三开间的房子，只有家住农村的五品以上官员才有资格住五开间的房子。古人的房子里还有一个东西非常常见，就是天井。天井反映了古人"天人合一"的理念。

古人的意识中，"天人合一"的概念根深蒂固。建筑作为精神的物化载体，体现人类尊重土地、水源、阳光、空气等自然物的观念。通过建筑形式，把这种抽象化的内心诉求转化为现实的人居环境，天井无疑是实现"天人合一"的完美塑造。

此外，古代村庄的中轴线一般都不建民居，而是建有诸如祠堂、书院等公共设施。相比之下，城市中的府衙、皇宫等建筑则都建在中轴线上。这是我国古代城乡建筑上的一个明显差别。

■徽州宏村

■ 徽州宏村南湖书院

　　成熟的古代村庄都有其必备的祠堂、祖宅、池塘，以及保佑一方风调雨顺的土地庙和山神庙。

　　在很多农村地区，池塘是比较普遍的一种生活设施。不过，正方形的池塘则比较罕见。在农村宗祠前一般都有一口池塘。既方便生活，又有助于消防。

　　古人对池塘的形状也比较讲究，农村池塘多取圆形或者长方形。古语中圆形叫"池"，方形叫"塘"，其"方圆"文化意义是显而易见的。方，是规矩、框架，是做人之本；圆，是圆融、老练，是处世之道。无方，世界没有了规矩，便无约束；无圆，世界负荷太重，将不能自理。为人处世，当方则方，该圆就圆。方外有圆，圆中有方，方圆相济，社会才会和谐，人生自在方圆。

　　生长在一些古村口的参天大树，被当地人称为"水口树"，这些树是建村之初种下的，属于村庄建筑的附属设施之一。

中轴线 《中国建筑史》把我国古代大建筑群平面中统率全局的轴线称为"中轴线"，并且指出"世界各国唯独我国对此最强调，成就也最突出"。例如，故宫处在北京中轴线上。

古人建房子就是为了居住，种水口树也是为了"风水"。水口树蕴含的建筑理念非常符合"天人合一"的可持续发展理念，水口树在一定程度上也保护了环境。

水口树因为树龄够大，一般都比较高，就像天然的避雷针，有吸引雷击、保护房屋的作用。同时，水口树有屏风的作用，进村庄时，往往绕过水口树，才能看到村庄，可以起遮挡、迂回的作用。约定俗成，没有人会去砍水口树。

有些保存较好的村庄的水口树边上，还有一种叫做"孤魂坛"的建筑。在古代有些农村，有客死他乡的村民尸体不能运回村中，孤魂坛就可以暂时用来停灵。

这个规定看似不近人情，但是在卫生条件非常落后的古代，无法确定死于外地之人的死因，而古代疾疫、传染病并不少见，万一是死于传染病，禁止死者入村也算是一种防疫措施。

总之，我国古代村庄建筑的这种利用自然、尊重自然，以及注重建筑格局的做法，正是古人"天人合一"建筑观的体现。

阅读链接

棠樾村属安徽省黄山市歙县，以牌坊群而闻名于世。牌坊群由7座牌坊组成，以忠、孝、节、义的顺序相向排列，分别建于明代和清代，都是旌表棠樾人的"忠孝节义"的。

棠樾牌坊群就是明清时期建筑艺术的代表作，建筑风格浑然一体，虽然时间跨度长达几百年，但形同一气呵成。歙县棠樾牌坊群一改以往木质结构为主的特点，几乎全部采用石料，且以质地优良的"歙县青"石料为主。这种青石牌坊坚实，高大挺拔、恢宏华丽、气宇轩昂。到明清两代，牌坊建筑艺术日臻完善。建筑专家们认为：棠樾牌坊对研究明清时期的政治、经济、文化及建筑艺术和徽商的形成和发展，甚至民居民俗都有极其重要的价值。

古民居的天人合一设计

　　我国古代民居建筑是文化背景中的一部分，其建筑思想在很大程度上受到文化因素的影响。如北京四合院民居、安徽徽州民居、岭南客家"围龙屋"和云南纳西族民居等，"天人合一"思想在这些民居

■北京四合院大门

天人合一的思想内涵

俯视北京四合院

民居建筑 民居建筑的风格和形式，在不同民族的不同历史时期和不同地区有不同的变化，并且各具特色。其中最具代表性的是围龙屋。围龙屋是一种富有中原特色的典型客家民居建筑，与北京四合院、陕西窑洞、广西干阑式和云南一颗印合称为我国最具乡土风情的五大传统住宅建筑形式。

建筑上留下了独特的痕迹。

四合院建筑，是我国古老、传统的文化象征。它是由我国古人的"天人合一"的观念所决定的，人们居住的空间里，必须包含着一部分没有房顶的所谓院子，所以生活中人与大自然非常亲近。

四合院的"四"包括东西南北四面，"合"是合在一起，形成一个"口"字形的院子，这就是四合院的基本特征。四合院建筑之雅致，结构之巧，数量之众多，当推北京为最。

四合院是北京人的传统民居，从辽代起已初步形成规模，经历代逐渐完善，最终成为近代的民居形式。四合院这一民居建筑，与我国古代"天人合一"的文化观念和精神是一致的。其建筑形式和风格，既是从古代"天人合一"的文化观念中来的，也反过来不断强化着"天人合一"这种文化精神。它的设计，不仅要满足居住的实用功能和便利的生活功能，还要能承载人与天地自然互相亲近、互相交融的文化功能。

北京的四合院，大大小小，星罗棋布，或处于繁华街面，或处于幽静深巷之中；大则占地几亩，小则不过数丈；或独家独户，或数户、十几户合居，形成了一个符合人性心理、保持传统文化、邻里关系融洽的居住环境。它形成了以家庭院落为中心，街坊邻里为干线，社区地域为平面的社会网络系统。

北京四合院的建筑布局，是以南北纵轴对称布置和封闭独立的院落为基本特征的。按其规模的大小，有最简单的一进院、二进院或沿着纵轴加多三进院、四进院或五进院。

住在四合院里的人不常与周围的邻居来往。在小院里，一家人过着日子，与世无争。可以说，四合院是在历史的洪流中，在动荡的社会风云里，北京人所寻觅到的一个安详恬静的安乐窝。

徽州民居，指徽州地区的具有徽州传统风格的民居，是汉族传统民居建筑的一个重要流派，也称徽派民居，是实用性与艺术性的完美

北京四合院

■ 徽州建筑罗东舒祠

牌坊 又名牌楼，为门洞式纪念性建筑物。是封建社会为表彰功勋、科第、德政以及忠孝节义所立的建筑物。也有一些宫观寺庙以牌坊作为山门的，还有的是用来标明地名的。同时牌坊也是祠堂的附属建筑物，昭示家族先人的高尚美德和丰功伟绩，兼有祭祖的功能。

统一。古徽州下设黟县、歙县、休宁、祁门、绩溪、婺源6县。自秦代建制2000多年以来，悠久的历史沉淀，加上北亚热带湿润的季风气候，加之在这块被誉为"天然公园"里生活的人们以自己的聪明才智，创造了独树一帜的徽派民居建筑风格。

在古徽州大地上，明清时期的古民居建筑总计有7000栋，古村落100多处。徽州古民居建筑，形式多样，五花八门，总计约15种之多，包括古城、古村镇、祠宇、寺庙、书院、园圃、戏台、牌坊、关隘、桥梁、塔、亭、堤坝、井泉和村落。

古徽州人利用徽州山地"高低向背异、阴晴众壑殊"的环境，以阴阳五行为指导，千方百计去选择风水宝地，选址建村，以求上天赐福，衣食充盈，子孙昌盛。

从我国古代建筑选址观念看，徽州民居一般按照阴阳五行学说，周密地观察自然和利用自然，以臻天时、地利、人和和诸吉咸备，达到"天人合一"的境界。

在古徽州，几乎每个村落都有一定的风水依据。或依山势，扼山麓、山坞、山隘之咽喉；或傍水而居，抱河曲、依渡口、汊流之要冲。有呈牛角形的，如婺源西坑；有呈弓形者，如婺源太白司；有呈带状的，如婺源高砂；有呈之字形的，如婺源梅林；有呈波浪形的，如黟县西递；有呈云团聚形的，如歙县潜口；有呈龙状的，如歙县江村；还有半月形、"丁"字形、"人"字形、"口"字形、方印形、弧线形、直线形等，可谓形态各异，气象万千。

实用性与艺术性的完美统一，是徽州民居的又一典型特点。徽州古民居，大都依山傍水，山可以挡风，方便取柴烧火做饭取暖，又给人以美感。村落建于水旁，既可以方便饮用、洗涤，又可以灌溉农田，美化环境。徽居的古村落，街道较窄，白色山墙宽厚高大，灰色马头墙造型别致。

这种结构，节约土地，便于防火、防盗、降温、防潮，使各家严格区别，房子的白墙灰瓦，在青山绿水中十分的美观。

徽州呈坎

■ 徽州老宅堂屋

天井 四面有房屋、三面有房屋，另一面有围墙或两面有房屋另两面有围墙时中间的空地。天井是南方房屋结构中的组成部分，一般设在单进或多进房屋中前后正间中间，两边为厢房包围，宽与正间同，进深与厢房等长。天井不同于院子，因其面积较小，光线被高屋围堵显得较暗，状如深井，故名。

徽州宅居很深，进门为前庭，中设天井，天井可通风透光，四水归堂，又适应了"肥水不流外人田"的朴素心理。后设厅堂住人，厅堂用中门与后厅堂隔开，后厅堂设一堂二卧室，堂室后是一道封火墙，靠墙设天井，两旁建厢房，这是第一进。

第二进的结构仍为一脊分两堂，前后两天井，中有隔扇，有卧室四间，堂室两个。

第三进、第四进或者往后的更多进，结构都是如此，一进套一进，形成屋套屋。此外，徽派民居皆建双层屋檐，以利遮挡雨水。

徽式建筑有一个主要特点就是青砖黛瓦马头墙。马头墙又称为封火墙。这种高大的封火墙在邻居发生火灾时，起到隔绝火源、防止火势蔓延的作用。层层跌落的马头墙高出屋脊，在蔚蓝的天际间，勾出民居墙头与天空的轮廓线，增加了空间的层次和韵律美，体现了天人之间的和谐。

　　客家人的"围龙屋"虽然不算精美绝伦，宏伟壮观，却有着明显的实用性和独特性，充分体现了"天人合一"建筑思想。

　　"围龙屋"背靠大山树林，整个"围龙屋"都处在绿荫环抱之中，门前的池塘荡漾着碧波，鸟瞰围龙屋，池塘、禾坪和围龙屋恰好组成一个以南北子午线为中轴、左右对称的"太极圈"。

　　正面看去，"围龙屋"占据最高点，其次是上堂、中堂、下堂依次排列，以对称式庭院房屋形式，向前后左右重叠排列，构成全组的核心。正堂处于正中，一般由最高辈份的人来居住。

　　在建筑结构上，"围龙屋"承袭了中原传统民居的架构、墙体和斜坡屋顶，根据南方气候特点，以"四扇三间"为基本建筑单位，形成"三堂两横"为核心的家居单元。平面布局上，层次分明，左右对称，有一条明显的中轴线，主要的建筑物都在中轴线上布置，附属建筑均设于主建筑物的两旁。

围龙屋

■ 客家民居

客家"围龙屋"讲究来龙去脉，坐北向南。围龙屋门前的池塘和屋后培植的树林，屋内的厅堂、天井布局都充分体现风水术在民居建筑中的应用。

"围龙屋"被称为有"龙穴"的宝地，一是在半圆围层中央所辟单间厅房称为"龙厅"；二是厅堂背面称为"龙厅背"；三是"厅背"至"龙厅"中间拱状隆起以石或砖铺结称为"化胎"处。

有龙的地方，就必须有水，故此，客家人建筑"围龙屋"时，门前便都要设一水塘。而其拱形隆起"化胎"处，便是该龙所踞与孕育龙子、龙孙"化胎"的所在。

"围龙屋"在选址上讲究地理生态性，在结构布局上体现天人合一，在房屋功能上表征伦理生态，总之立足于生命的有效生存。

"围龙屋"民居建筑重视屋基的选择，其选址主

龙脉 风水学把起伏的地理称为龙脉。古代"风水术"首推"地理五诀"，就是龙、穴、砂、水、向。相应的活动是"觅龙、察砂、观水、点穴、立向"。龙就是地理脉络，土是龙的肉、石是龙的骨、草木是龙的毛发。寻龙首先应该先寻祖宗父母山脉，审气脉别生气，分阴阳。

要考虑龙、局、水3个方面的因素：

"龙"，指的是山形的总脉络，即龙脉。山体是支撑房屋的骨架，也是人们生活资源的天然场所。"围龙屋"总是傍山而建，同时很讲究地势。

"局"，是房屋周围，自总脉分出来的支脉共同集成的局势。有些山势略为不足的"围龙屋"，往往在屋后的山坡营建风水林，只许栽培，不许砍伐，以藏风得水。客家先辈认为"林木兴则宅必发旺，林木败则宅必衰落"，这是一种人为因素的"配风水"。

"水"，是指屋基前面的水势。在"围龙屋"的前面都置有一口半圆形的池塘，它不单是为日常生活提供方便，还含有完善基地阴阳、配偶、山影门庭的潜在意识。

客家"围龙屋"以"一进三厅二厢一围"为基本的结构，其他无论是二围、三围还是多围，都是在这基础上增添扩建而成的。即是说不管"围龙屋"的大小，其总体特征和基本结构是不变的。

如梅州地区的梅江区、白宫、松口、南口等各个地方的"围龙屋"形态都大体一致，房屋的内部结构是：从晒谷坪到上堂连同左右

梅州围龙屋

丽江古城

两厢房间共同构成一个方形或长方形。晒谷坪前面有一口半圆形的池塘，即所谓的"龙池"，上堂后有一半圆形的围屋，它们与中间的方形或长方形构成一个椭圆形状。

从高空俯瞰，其外部形态以外墙的"龙体"和屋顶的"龙脊"共同组成"围龙"形的整体，封闭性很强。客家人多数聚族而居。这样的建筑形式有利于内部的协调统一和防御功能，而在如此井然有序、高度统一的理性控制下，也必然会形成内向性和储蓄性的品格，实际上也是客家人寻求封闭独立和防御外界干扰的意识形态的反映。

"围龙屋"如此设计，与当时的处境有很大的关系：客家南迁入偏僻山区，受当地人的排挤和欺侮，为了一致对外，他们不得不聚族而居，不得不建造有防御功能城堡式的住宅。正是这种群居的形式与客家人自身团结的精神相结合而形成了很强的向心力，从而在长久的迁徙中得以保存、壮大。"围龙屋"的生态性对于形成客家人的精神世界发挥了独特的作用。

"围龙屋"的建筑特色是古代阴阳思想的投射。集中体现在讲求建筑物体与天然地形的协调统一，符合"天人合一"的哲学道理。自古至今，《周易》的"天人合一"、"人与自然共处的居住环境风水论"成为客家民居、民俗的一大特色。

纳西族民居建筑不仅是自然环境的一种产物，更主要的是纳西人集体智慧和民族文化的结晶，是一个精神文化的实体。

纳西族历来强调整体观念，把天、地、人看作统一的整体；纳西族信仰东巴教，东巴教的核心之一就是自然崇拜。因此，纳西族居住环境非常重视"天人合一"的完整性和"人与自然"的协调性，村寨选址力求使其与自然山水相契合。

自然环境因素与人文环境因素相互结合，让纳西族民居建筑整个空间形成了以村寨为中心，与山林、农田、水源等生产生活资源相适应的一体化格局，成为纳西族民居建筑独特的地域文化。

比如，丽江古城布局上充分利用山川地形及周围自然环境，以玉龙雪山为背景，以狮子山为依托，以奔流的玉泉河水为灵魂，街道或依山就势，或顺水延伸，体现的是一种顺应空间、适应地形的自然状态。古城的道路以"四方街"为中心，自由放射，四通八达，与"茶马古道"重要驿站和物资集散地相匹配、相统一。

纳西族民居建筑充分体现了同周边地区汉族、白族、藏族等

■ 云南丽江古城

■ 云南丽江古城

天人合一的思想内涵

厦子 是一种高度不高、面积不大的小房子。厦子是和居住的房子分离的，并且厦子面积一般比房子要小。厦子的作用是储存杂物，但有的地方也在厦子里吃饭、会客、休息等，这个功能在纳西族民居中最多。纳西族民居都有宽大的厦子，即外廊。

民族间的文化交流与融合，地域特色比较明显。

纳西族民居中最常见的"三坊一照壁"和"四合五天井"，就来源于白族民居；上窄下宽的房屋构建，是受藏族民居建筑的影响。纳西族民居在充分借鉴白族民居的平面布局和藏族民居的稳健构架基础上，根据本民族的文化特征、审美情趣进行改造，形成自己"质朴简洁"和以"黑白灰"为主色调的独特民居建筑风格。

纳西族民居最显著的一个特点是，不论城乡，家家房前都有宽大的厦子，即外廊。厦子是丽江纳西族民居最重要的组成部分之一，这与丽江的宜人气候分不开。因而纳西族人民把一部分房间的功能如吃饭、会客等搬到了厦子里。

在建筑设计、建筑风格及艺术等方面，大研古城的纳西民居最具特色。丽江大研镇古城民居充分结合地形、环境条件和道路网络进行布局，建筑遵从自然，依山傍水、顺山就势，坐北朝南、向阳而居。民居建筑追求人与自然环境的和谐，外部地理环境与院内的花草树木有机融合，营造舒适的人居环境。

民居院落按照所处位置的不同，可分为临街的，沿河的，依山的。有的掩映在青松翠柏中，别有情调；有的跨河而居，意趣盎然；有的喜好热闹，居于城中；有的甘愿平静，选择城郊。古城内大约有上千个大小不一的院落，临街的一面都设为店铺，十分热闹；但走进院内，因纳西族擅长营造居所，天井内多种植花草，显得宁静和谐。

纳西族一直以来所形成的是崇尚自然的民族文化心理，不仅视天地山河为人类赖以生存的物质空间，更追求"天人合一"的理想境界。这一传统尤其对民居建筑艺术产生了极大的影响。

总之，我国古代民居既典雅实用，又传达其与自然和谐共处的象征意义。无论是挑选建地或是建筑过程中都体现了"天人合一"、追求和谐的世界观。如果现代建筑技术能够将这种思想结合起来，相信可以登上一个新的台阶。

阅读链接

徽州民居多重檐，据说这种建筑源于宋太祖赵匡胤。宋太祖建立宋王朝后亲征到了歙州，当大军抵达今休宁县海阳城外时，天色突变，大雨将至，宋太祖便至一间瓦房处避雨。徽州民居的屋檐很小，远不及中原地带的屋檐那么长，加上这天风大雨急，众人都被淋成了落汤鸡。

雨过天晴，居民开门发现宋太祖此般模样，以为死罪难逃，跪地不起。宋太祖却未责怪，问道歙州屋檐为什么造得这么窄，村民说是祖上沿袭下来的，宋太祖认为旧制不能改，但可以在下面再修一个屋檐，以利过往行人避雨。自此以后，徽州所有的民居渐渐都修成了上下两层屋檐。

古园林的天人合一精神

　　我国古人在与自然保持亲和、相互交融的关系中，很早就发现了自然美并对其有着独特的鉴赏力。从道家的"以人合天"、儒家的"以天合人"、禅宗的"天人一体"观念中，可见古代哲学宣扬人与

华清宫皇家园林

自然的和谐与统一，以"天人合一"为最高理想。

　　这种哲学观念使我国古人对大自然怀有强烈的感情，于是，"天人合一"这样一种体验人与自然契合无间的精神状态，就成为我国传统文化精神的核心并贯穿了我国古代整个文化思想史，当然也成为我国古典园林的终极精神。

　　在我国古典园林建筑艺术中，"天人合一"作为一种终极精神，体现为师法自然、融于自然、顺应自然、表现自然，并由此创造出我国特有的园林美学。

　　师法自然，在古代造园艺术上包含两层内容：一是总体布局、组合要合乎自然。山与水的关系以及假山中峰、涧、坡、洞各景象因素的组合，要符合自然界山水生成的客观规律。

　　二是每个山水景象要素的形象组合要合乎自然规

■ 扬州园林水绘阁

禅宗 又名佛心宗、达摩宗、无门宗。指以菩提达摩为初祖，探究心性本源，以期"见性成佛"之大乘宗派。我国十三宗之一，日本八宗之一。我国自古以专意坐禅者之系统为禅宗，兼含天台、三论二系，而不限于达摩宗；唐中期以来，达摩宗兴盛，禅宗遂专指达摩宗而言。

律。如假山峰峦是由许多小的石料拼叠合成，叠砌时要仿天然岩石的纹脉，尽量减少人工拼叠的痕迹。水池常作自然曲折、高下起伏状。花木布置应是疏密相间，形态天然。乔灌木也错杂相间，追求天然野趣。

融于自然就是处理好形与神、景与情、意与境、虚与实、动与静、因与借、真与假、有限与无限、有法与无法等种种关系。如此，则把园内空间与自然空间融合和扩展开来。

我国古代园林用种种办法来分隔空间，其中主要是用建筑来围蔽和分隔。分隔空间力求从视角上突破园林实体的有限空间的局限性，使之融于自然，表现自然。比如漏窗的运用，使空间流通、视觉流畅，因而隔而不绝，在空间上起互相渗透的作用。在漏窗内看，玲珑剔透的花饰、丰富多彩的图案，有浓厚的民族风味和美学价值；透过漏窗，竹树迷离摇曳，亭台楼阁时隐时现，远空蓝天白云飞游，造成幽深宽广的

■ 番禺余荫山房园林

微缩景观

空间境界和意趣。

顺应自然主要体现在园林建筑中。我国古代园林中，有山有水，有堂、廊、亭、榭、楼、台、阁、馆、斋、舫、墙等建筑。人工的山、石纹、石洞、石阶、石峰等都显示自然的美色。人工的水，岸边曲折自如，水中波纹层层递进，也都显示自然的风光。

园林的所有建筑，其形与神都与天空、地下自然环境吻合，同时又使园内各部分自然相接，以使园林体现自然、淡泊、恬静、含蓄的艺术特色，并收到移步换景、渐入佳境、小中见大等观赏效果。

园林建筑中表现自然的材料有很多，诸如树木花卉等。我国古代园林对树木花卉的处理与安设，讲究表现自然。松柏高耸入云，柳枝婀娜垂岸，桃花数里盛开，乃至于树枝弯曲自如，花朵迎面扑香，其形与神、其意与境都十分重在表现自然。

师法自然，融于自然，顺应自然，表现自然，这是我国古代园林体现"天人合一"思想之所在，而由此创造的园林美学，是我国古代园林独立于世界之林的最大特色，也是永具艺术生命力的根本原因。

园林又不同于宫殿、长城、庙宇、桥梁，它有自身的一些特色。

比如文人画家参与所造之园，往往以山水为蓝本，诗词为主题，以画设景，以景入画，寓情于景，寓意于形，以情立意，以形传神，楹联、诗词与园林建筑结合，富有诗情画意，耐人寻味。

我国古典园林可以说是自然的，因为它是发展成熟了的自然或者是改造过的自然景观的集合，其建筑形态的丰富多样，不同的山水条件，不同的地形地势，就有不同的人文建筑与之相称。

楼阁是古典园林中的制高点，涵容全园景色，近可浏览园内风光，远可眺望园外景色；

亭有傲立山巅的山亭，有安居水际的水亭，有轻骑隔水的桥亭，由于选址精心，营造精巧，而与山水浑然一体；

廊仪态万千，有游廊、回廊、直廊、曲廊、花廊、水廊、爬山廊等，环山绕水，灵活别致；

桥是一种架空的人造通道，或如飞虹横跨水面，或如曲径贴水而行，曲线柔和，韵律协调，雄伟壮观。

我国古典园林之美，体现为从有限到无限，再由无限而归于有限，达到物我两忘，自我感情、意趣的自然抒发，这就是我国传统艺术所追求的最高艺术境界。其"天人合一"宇宙观、人化的自然、自然的人化在我国园林创作设计中得到了淋漓尽致的发挥与展示。

阅读链接

春秋战国时期，各国诸侯都喜欢修建园林，互相比美。当时吴国在阖闾的治理下已经很强大了，在园林建造上也不甘落后，阖闾及其子夫差利用苏州郊区的自然山水建造了规模宏大、建筑华丽的姑苏台、馆娃宫，可以说是苏州最早的皇家园林。

苏州园林起始于春秋时期，形成于五代，成熟于宋代，兴旺鼎盛于明清。到清末苏州已有各色园林170多处，现保存完整的有60多处，对外开放的园林有20处左右。

帝陵布局与天人合一观

　　我国文化讲究"天人合一"，也就是人与自然的和谐统一。因此，古代帝王在选择墓葬位置的时候都非常重视"风水"。而"风水学说"实际上是我国特色的"环境观"，其中包含了我国古代先民对

■汉阳陵南阙门遗址

■ 汉景帝刘启墓冢

关中十八陵 也称"关中唐帝十八陵"、"唐十八陵"，是指埋葬在关中地区的唐朝18位皇帝的陵墓，若计女皇武则天在内则共19位皇帝。包括献陵、昭陵、乾陵、定陵、桥陵、泰陵、建陵、元陵、崇陵、丰陵、景陵、光陵、庄陵、章陵、端陵、贞陵、简陵和靖陵。

于自然的探索和认识。

历代帝王陵寝都占据着华夏大地的一处处"吉壤"。而这些"吉壤"的选择，也无不体现了我们的祖先对于中华民族血脉永继、繁荣昌盛所寄予的深深祝愿。

按照古人的观念，阴宅选址的地形地势、方位和安全，将长久地影响后代子孙的命运。而"吉壤"恰恰关照到了天地万物间的相互联系、相互制约、相互依存、相互对立、相互转化，具有系统论意义。事实上，风水学的功能就是要宏观把握各子系统之间的关系，优化结构，寻求最佳组合。古人选择"吉壤"正是对系统论的朴素应用。

比如唐代的"关中十八陵"，各陵以层峦起伏的北山为背景，南面横亘广阔的关中平原，与终南、太白诸山遥遥相对。渭水远横于前，泾水萦绕其间，近则浅沟深壑，前望一带平川，广原寂寂，更衬出陵山主峰的高显。

唐陵继承了汉陵四向开门的传统并加以发展，形成象征帝王居所的宏伟构图：在陵丘四周建方形围墙，称为内城，四面正中为门，设门楼，四角设角楼；南门朱雀门内建献殿，举行大祭典礼；朱雀门外是长达三四千米的神道，最南端以一对土阙开始，阙后为门，由此向北离朱雀门约数百米至上千米是第二对土阙及第二道门，再由此门通向朱雀门前的第三对土阙。在第一、第二重门之间的广大范围内分布着众多的陪葬墓，其中尤以唐太宗昭陵的陪葬墓最多，达167座。整个陵区范围十分广阔。此外还以许多气势雄壮的石人石马来陪衬渲染帝陵的尊严和崇高的气氛，使得无论什么人来到此地都不由自主地产生敬仰尊崇之意。

　　因地制宜也是古人阴宅选址的原则之一。根据实际情况，采取切实有效的方法，使帝陵建筑与人适宜于自然，回归自然，返璞归真，天人合一，这也正是风水学的真谛所在。

　　比如明代永乐年间，为了求得吉祥的墓地，明成祖朱棣命江西风水师廖均卿在昌平境内寻找。后来他在这一地区找到一片"吉壤"，

■唐乾陵司马道

明十三陵 明代皇帝的墓葬群，坐落在北京西北郊昌平区境内的燕山山麓的天寿山。这里自明永乐年间的1409年5月始作长陵，到明末皇帝崇祯葬入思陵止，其间230多年，先后修建了13座皇帝陵墓、7座妃子墓、1座太监墓。共埋葬了13位皇帝、23位皇后、2位太子、30余名妃嫔、2位太监。

叫黄土山，山前有龙虎二山，形成风水宝地。经明成祖亲自踏勘确认后封为"天寿山"，并于1409年开始在此修建十三陵的第一座陵墓长陵。

　　明十三陵所处的地形是北、东、西三面环山，南面敞开，山间泉溪汇于陵前河道后，向东南奔泻而去。陵前6千米处神道两侧有两座小山，东为"龙山"，西为"虎山"。用风水理论来衡量，天寿山山势延绵，"龙脉"旺盛，陵墓南面而立，背后主峰耸峙，左右"护砂"环抱，向南一直伸展至北京小平原，前景开阔。陵墓的基址"明堂"平坦宽广，山上草木丰茂，地脉富有"生气"，无疑是一处天造地设的帝陵"吉壤"。

　　从明十三陵的选址我们可以看到，古人十分注重因地制宜，使陵寝建筑与自然山川、水流和植被和谐统一，追求形同"天造地设"的完美境界，用以体现

■ 十三陵明德陵

"天人合一"的哲学观点。

我们的祖先在生存实践的过程中总结出了许多蕴涵着智慧的生活经验，其中依山造陵就是很重要的一条。

早在春秋战国时期已兴起了依山造陵的观念。许多国君的墓不是背山面河，就是面对视野开阔的平原，甚至有的国君墓干脆建在山巅之上，以显示生前的崇高地位和皇权的威严。后来人们选择墓地又特别重视依山傍水的地理环境，依山傍水之地被古人视作最佳风水宝地。

■ 陕西秦始皇陵园墓碑

著名的秦始皇陵就是依山傍水造陵的典范，它背靠骊山、面向渭水，这一带的自然环境十分优美。整个骊山唯有临潼县东至马额这一段山脉海拔较高，山势起伏，层峦叠嶂。从渭河北岸远远眺望，这段山脉左右对称，似一座巨大的屏风立于始皇陵后，站在陵顶南望，这段山脉又呈弧形，皇陵位于骊山峰峦环抱之中，与整个骊山浑然一体。可以看出，这里正是一块符合依山傍水原则的风水宝地。

秦代"依山环水"的造陵观念对后代建陵产生了深远的影响。西汉帝陵如高祖长陵、文帝霸陵、景帝阳陵、武帝茂陵等就是仿效秦始皇陵"依山环水"的风水思想选择的。以后历代皇陵基本上继承了这个建陵思想。

秦始皇陵 是我国历史上第一个皇帝嬴政的陵墓，位于陕西的骊山北麓。建于公元前246年至公元前208年，历时39年。秦始皇陵是世界上规模最大、结构最奇特、内涵最丰富的帝王陵墓之一，充分表现了2000多年前我国古代汉族劳动人民巧夺天工的艺术才能，是中华民族的骄傲和宝贵财富。

影壁 也称照壁，古称萧墙，是我国传统建筑中用于遮挡视线的墙壁。影壁也有其功能上的作用，那就是遮挡住外人的视线，即使大门敞开，外人也看不到宅内。影壁还可以烘托气氛，增加住宅气势。影壁可位于大门内，也可位于大门外，前者称为内影壁，后者称为外影壁。

我国传统的"天人一体"哲学观使得我国人对于天地、人生有着独特的看法。古代帝陵讲究顺应龙脉，其实就是人与自然的协调和统一。

风水学把绵延的山脉称为龙脉。我国的龙脉都源于西北的昆仑山，从昆仑向东南又延伸出3条龙脉，北龙从阴山、贺兰山入山西，起太原，渡海而止。中龙由岷山入关中，至秦山入海。南龙由云贵经湖南，至福建、浙江入海。每条大龙脉都有干龙、支龙、真龙、假龙、飞龙、潜龙、闪龙，因此，勘测风水首先要搞清楚来龙去脉，应顺应龙脉的走向。

我国帝王陵墓的选址是非常注重查形观势的。清代在选择帝陵陵址时，在这方面他们是下了很大功夫的。据说清东陵是顺治亲自跑马游山而选定的风水宝地。以风水而论，这里确是绝佳之地。

清东陵的整个陵区以昌瑞山为界，以北称"后

■ 清东陵

龙"，是龙脉来源；陵区以昌瑞山为靠山，东侧的鹰飞倒仰山为青龙；西侧的黄花山为白虎；南部的形如覆钟的金星山为朝山；远处的影壁山为案山；马兰河、西大河二水环绕屈曲流过，环抱有情。是典型的"山环水绕、负阴抱阳"的山水格局。

清西陵的华表

清代各皇帝后妃陵寝的选址和营建都是如此，无不考虑龙、砂、穴、水、明堂、近案和远朝的相互关系，以追求人与自然的和谐统一。

很多古代帝王陵墓地形地貌和水土都是比较优良的。其实，在堪舆师给帝王选择陵寝的过程中，他们除了十分重视方位形势等因素外，对于当地的土壤质量也是非常重视和挑剔的。针对这些问题，他们常常在相地时亲临现场，用手捻，用嘴嚼尝泥土，甚至挖井察看深层的土质和水质，俯身贴耳聆听地下水的流向及声音。这些看似装模作样，但现代科学已经证实，传统风水学认为土质决定人的体质的说法是有科学依据的。

比如，土壤中的锌、钼、硒、氟等元素会直接影响人的健康；潮湿腐败之地是细菌的天然培养基地，会导致关节炎、风湿性心脏病、皮肤病等；强烈的磁场可以治病，也会引起头晕、嗜睡或神经衰弱等疾病；复杂的地质结构，可能放射出长振波或污染辐射线或粒子流，导致人头痛、眩晕、内分泌失调。

从另一方面来说，古代的堪舆师相对来说都是地理学家，对气

■ 十三陵明永陵

候、环境较为敏感，风水术有其原因的，并非瞎说一气。

　　古人选择陵址不仅分析土质，也分析水质。风水中的"水"，其实就是水文水质。水质不好，就会造成生物生长不好，人得病，生活陷入灾难。这也是古代自然观念被大力提倡的原因。

　　古代帝王在选择陵寝时对当地的水非常重视。明十三陵附近有非常丰富的水源，因此这里终年草木丰茂，生物的多样性也发展得很好。明十三陵水库现在已作为北京城市供水的重要组成部分，给北京城市的健康快速发展提供了有力的支持。

　　风水学是很注重方向选择的。堪舆师在选好阴阳宅的位置后，还要选择最合适的建造方向，让建筑接收承纳四周山水空间的生气。这也叫做"立向"，立向是风水中的一大关键。

　　风水学中的坐北朝南原则是我们的祖先通过千百年的实践得出的认识，这其实也是人类与自然和谐相处的生存之道。

　　我国一般的帝王陵墓的朝向都是背山面水或是坐北朝南，南京的明孝陵、北京的明十三陵都是如此。但是位于凤阳的明皇陵却是朝北而建，而且道路还略有歪斜。考其原因，这是由于中都城垣宫殿在皇陵的东北方，为了使皇陵朝向中都的非常处置。

我们的祖先很早就已经注意到环境与人是相互作用的关系，而环境的好坏与树木的多少是紧密相关的。因此，无论是对于生者的住宅还是死者的陵墓，在周围栽种树木，进行绿化，已经成为一个必不可少的行为。旧制规定：

天子坟高三仞，树以松；诸侯半之，树以柏；大夫八尺，树以栾；士四尺，树以槐；庶人无坟，树以杨柳。

这实际上已经以礼制的形式把陵寝的普遍绿化原则固定了下来。

无论是明孝陵还是十三陵，大凡古代帝王所葬之地基本上都是树木繁茂、水草丰美的地方，这除了原

明孝陵 坐落在南京紫金山南麓独龙阜玩珠峰下，东毗中山陵，南临梅花山，是明代开国皇帝朱元璋和皇后马氏的合葬陵墓，因皇后谥"孝慈"，故名孝陵。明孝陵代表了明初建筑和石刻艺术的最高成就，直接影响了明清两代帝王陵寝的形制，在我国帝王陵发展史上有特殊地位，故有"明清皇家第一陵"的美誉。

■ 十三陵明献陵

先选址的时候对环境的严格要求以外，也是后人不断栽种树木进行绿化的结果。

我们的祖先也意识到改造环境的重要性。但是这种改造绝不是率性而为，而是在顺应自然的前提下进行的改革。我国古代帝王陵在改造风水方面一直不遗余力。秦始皇陵就是其中的一个代表。

秦始皇陵园南依骊山，北临渭水，已是占据了一块符合风水原理的宝地。然而在修建秦始皇陵时，在陵园西南侧修筑了一条东西向的大坝，坝长1000多米，最宽处达40余米，遗址残高依然有2米至8米，就是人们通常所说的五岭遗址。这条大坝将原来出自骊山东北的鱼池水改为西北流，围绕秦始皇陵东北而过。

当自然山川条件不能十全十美时，就人工加以修、补、填、挖，这种把自然和人文有机结合在一起，造就出一个理想的"人造"风水宝地的方法，在历代帝王陵墓的建造中都有体现，也可谓对风水理论的一种实际应用。

总之，古人通过把握整体系统，因地制宜，依山造陵，顺应龙脉，查形观势，分析土质和水质，确定建陵朝向，绿化陵区，使"吉壤"显示出宇宙图景，这是古人追求人与自然相和谐统一时的结果。帝王陵寝的风水意向看似迷信，其实体现了"天人合一"的思想。

阅读链接

风水圈中曾流传过一个"郭璞葬母"的传说：郭母死后，郭璞给母亲挑选的墓穴距离河边不到百米，如果一发大水，坟便会被淹掉，这可是风水大忌。郭璞却敢葬，预言水必退去，时人将信将疑。结果若干年后，河水果然改道了，郭母墓四周都成了桑田，郭璞的名气因此大振。

郭璞为什么敢这么断言？无非是他对附近的山川走向、河流分布、气候变化比别人更了解罢了。

法天而行

　　"天人合一"是我国古人表现人与自然关系的思想，注重"法天而行"，这一理念造就了我国享誉世界、造福子孙的生态文明。我国古代生态文明是先民为保护和建设美好生态环境而取得的物质成果、精神成果和制度成果。

　　这种生态文明是贯穿于社会建设全过程和各方面的系统工程。我们的祖先在土地资源的利用、水利工程建设、动植物保护、古代科技等方面都取得了丰硕成果，反映了我国古代社会的文明进步状态。

土地利用与天人合一观

　　我国古人最基本的思维方式，表现在人与自然的关系上就是"天人合一"。这一思想造就了很好的生态文明基础，其中包括保护和利用土地资源的观念。

　　我国自古以农业为立国之本，土地既是劳动对象，又是生产资

■原始人耕种水稻复原图

料，具有不可替代的重要地位。土地利用的广度、深度和合理程度，是我国这个农业大国的生产规模、水平和特点的集中反映。

■ 正在耕地的农民塑像

我国古代一些政治家和先哲提出了许多土地资源利用的理性主张，这些主张对古代的土地使用起着指导性和关键性的作用。

道家学派创始人老子曾说："人法地，地法天，天法道，道法自然"。

其中"人法地"旨在强调人类要效法地球母亲的慈爱、无私、宽恕、奉献的精神品格。人为自然之子，人类和地球母亲有着千丝万缕的全息联系，地球母亲也必然影响到人的内环境。

人类只有尽快适应地球母亲的种种变化，才能够健康和谐地向前发展。对自然环境尤其是土地资源的破坏，也必然最终破坏到人类自身。

老子（约前570年~前471年），字伯阳，又称李耳。生于楚国苦县历乡曲仁里，即今河南省鹿邑县太清宫镇。谥号"聃"。老子是我国最伟大的哲学家和思想家之一，被道教尊为教祖，称为世界文化名人。老子存世著作有《道德经》，又称《老子》，其作品的精华是朴素的辩证法，其学说对我国乃至世界哲学发展具有深刻影响。

春秋时期的齐国政治家管仲指出：

> 山林虽近，草木虽美，宫室必有度，禁
> 法必有时。

意思说，山林虽然近得举手可得，草木虽然丰美得都可使用，但国家用度应有节制，砍伐也须适时。

战国时期成书的《黄老帛书》中说：使用土地的根本在于因地制宜，恰当地种植适于该地生长的农作物；要准确地掌握耕种的时间和季节，并且根据时令来种植五谷；"土敝者亡祀"，即指土地过度使用而使土地凋敝，那就要"亡祀"，人不能繁衍下去了。

成书于战国时期的《尚书·禹贡》对当时我国南方、北方、东部、西部、中部各地区的土壤类别及其利用差异就有所阐述。

文化主体

天人合一的思想内涵

■ 农民耕种土地

■ 农民耕地蜡像

此外，历代帝王每年至少要在春秋两季祭祀土神和谷神，春耕之前，要祈求神灵的保佑，秋收之后，要报答神灵的恩赐，这就是行春祈秋报的古礼。古人称土神为"社"，称谷神为"稷"。北京天安门西侧中山公园内，有一座俗称"五色土"的社稷坛，那就是明清两代帝王祭祀土神和谷神的地方。

作为一个农业大国，如何利用和开发土地多种谷物，解决吃饭问题，一直是摆在古人面前的头等大事。我国古人在利用和开发土地方面表现出来的卓越智慧，令人赞叹。

我国最初的农业耕作制度是生荒耕作制度，当时人少荒地多，采用生荒耕作制度是行得通的。随着生产的发展，开发熟荒地比开发生荒地省力，于是，人们发明了熟荒农作制度。在此基础上，人们为了加快恢复土地而实行周期更短、更有次序的轮种轮休，于

《禹贡》《尚书》中的一篇，是我国地理方物兼均税作品，假托禹所作，但一般研究指周战国时代之作品。《禹贡》全书1193字，以自然地理实体为标志，将全国划分为9个区即"九州"，并对各地的疆域、山脉、河流、植被、土壤、物产、贡赋、少数民族、交通等自然和人文地理现象，作了简要的描述。

轮种 指前后两季种植不同的作物或是相邻两年内种植不同作物的复种方式。由于不同作物对于土壤中的养分具有不同的吸收利用能力，因此，轮作有利于土壤中养分的均衡消耗。同时轮作还有利于减轻与作物伴生的病虫杂草的危害。

是，发明了休闲耕作制度。休闲耕作制度体现出古代中国人在合理使用土地上，用养结合的智慧。

采用休耕制度，土地休闲的长短，取决于地力恢复的年限。古人为了恢复地力采取了很多有效的措施。比如：靠阳光雨露的温暖滋润，让荒地上的自然植被复苏，使地力得到恢复；对土地进行耕翻，改善土壤的生产性能；通过人工施肥，有效地延缓土地贫瘠速度，尽快地恢复土壤肥力；普及和推广铁犁牛耕技术，改善土壤的物理性状，等等。展现了我国古人在人与自然的关系上合理开发和利用自然资源的聪明才智。

在这些恢复地力的措施中，人工施肥和犁耕是适应农业发展而产生的一项重要的农作技术，是我国古人对世界农业发展做出的重要贡献。

战国时期，人们大面积地开垦荒地。在连作制基础上还出现了轮作复种制、一年两熟制、两年三熟制和四年五熟制。那时候，农业劳动生产率跃上了一

■ 古代农民劳作

■ 古代农民耕种画面

个新台阶。当时魏国的亩产量折成后来的制约为91市斤，一个农夫至少可以养活10人。2000多年前的我国农业劳动生产率能够达到这样的水平，是不简单的。

从秦汉至隋唐，先民们不断积累经验，使施肥及土地利用技术提高到了一个新的水平。

肥料在这一时期农业生产中的地位愈加重要，以至于在唐代，肥料成为商品。史载唐都长安富民罗会，"家财巨万"，就是"以剥粪为业"而发家的。

唐代人有顺山坡而耕种的，当时称"畬田"。为了防止破坏自然植被，雨水顺坡冲走田土，聪明的先民们在山坡田周围垒砌石块，这无疑为后来山区梯田的出现积累了经验。

宋代社会经济急剧发展，土地复种面积扩大。两宋之际的农学家陈旉撰成《陈旉农书》，探讨了施肥与地力的关系。陈旉在书中提出了两个杰出的关于土壤肥力的学说：一是"用粪犹用药"的观点，指出施肥要因地制宜；二是"地力常新壮"的论断，即肥料

植被 是覆盖地表的植物群落的总称。是一个植物学、生态学、农学或地球科学的名词。植被可以因为生长环境的不同而被分类，譬如高山植被、草原植被、海岛植被等。环境因素如光照、温度和雨量等会影响植物的生长和分布，因此形成了不同的植被。

不仅可以改良土壤，还可以用来维持并增进地力。这一理论使我国传统农业中积极养地的科学思想更加辉煌灿烂。

宋代盛行修造梯田，当时梯田建设之热，实为我国山区农业发展的重要动力。同时，大约起于春秋末期长江中下游地区的圩田，也有了相当程度的发展。宋代圩田的完善系统，体现了我国古代劳动人民把湖田开发与灌溉、航运、植树、养护等经济活动综合起来，统筹规划设计的高超智慧，进一步实现了人与自然的和谐。

圩田给我国农业生产带来的经济效益非常显著。南宋大诗人陆游的《常州奔牛闸记》中说"苏常熟，天下足"，这句民谚生动地反映出太湖流域圩田的粮食产量对社会的巨大贡献。

元代建立以后，为解决东南漕粮困难和减轻江浙农民负担，决定开发环渤海地区盐碱地。开发盐碱地的关键技术是"田边开沟"。这项技术既可抬高地面，又可以排涝洗碱，实际上是一种"沟洫台田"技术。沟洫台田技术，成为后来改造洼碱地的主要途径。

有了成熟的技术，自然不愁唤醒沉睡的盐碱地。经过元、明、

文化主体

天人合一的思想内涵

传统习俗——春耕开春

清三代劳动人民的辛勤开垦，环渤海一带的盐碱地普遍得到开发和利用。又一次显示出我国古人在处理人与自然关系方面的超凡智慧。

古代农业耕作蜡像

此外，我国古人还开创了浮田、架田等人造耕地，为缓解人口众多的衣食压力起了一定的作用。

古代农耕文化科技观念及利用和开发土地技术，为现代人提供了闪耀着真理之光的启示。

现在的关于土地利用的"可持续发展"观，就是在新的科技生产力水平上，对以往"天人合一"科技观的哲学及伦理学概括。传统农耕文化中的"天人合一"思想加上现代科技的巨大威力，会将现代生产力引导到人与土地资源和谐统一的轨道上。

阅读链接

"地力常新壮"论，是我国古代关于土壤肥力的一个重要学说，它的萌芽可以追溯到战国时代，而形成一种学说，则始于宋代农学家陈旉。陈旉认为，土壤也要养护，只管种植，不问养护，时日一久，地力必然散衰。如果重视施肥，或掺加新土，土壤就能改良，地力也能提高，并且能保持地力常新壮。这就是我国古代著名的地力常新壮论。

《中国科学技术史·农学卷》对陈旉的"地力常新壮"评价说："地力衰竭曾经是农业史困扰世界的难题，陈旉不仅提出了地力常新的思想，而且还提出了解决这一问题的办法，在世界农业史上都是难能可贵的。"

水利工程与天人合一观

　　在"天人合一"的宏大思想中，我国古人书写了一部令世人骄傲的古代水利史。其中的著名水利工程都江堰、灵渠、坎儿井，因为它们被称作"天人合一"的最高典范，所以成了这部水利史中浓墨重彩的篇章。

都江堰风光

之所以说都江堰是"天人合一"的最高典范，是因为它创造了人与自然完美结合的奇迹。这个奇迹跟一个人的名字紧密相连，他就是战国末期的李冰，其建堰的指导思想，就是"道法自然"、"天人合一"的思想。

■李冰蜡像

都江堰修建之前，成都平原水灾严重。这种状况是由当时的岷江造成的。岷江是长江上游的一条较大的支流，发源于四川北部高山地区。每当春夏山洪暴发的时候，江水奔腾而下，进入成都平原，由于河道狭窄，常常引发洪灾，洪水一退，又是沙石千里。而岷江东岸的玉垒山又阻碍江水东流，造成东旱西涝。

战国末期，秦昭王委任知天文、识地理的李冰为蜀国郡守。李冰上任以后，首先下决心根治岷江水患。他和他的儿子邀集了许多有治水经验的农民，对地形和水情作了实地勘察，然后制定了治理岷江的规划方案。

为了使岷江的水能够东流，李冰父子决心凿穿玉垒山引水。由于当时还未发明火药，凿山何其艰难，李冰巧妙地运用了热胀冷缩的原理，用沸水火烧等方法使石头崩裂，再行开凿。

李冰他们终于在玉垒山凿出了一个宽20米、高40米、长80米的山口。因其形状酷似瓶口，故取名为

郡守 官名。郡的行政长官，始置于战国。战国各国在边地设郡，派官防守，官名为"守"。本系武职，后渐成为地方行政长官。秦统一后，实行郡、县两级地方行政区划制度，每郡置守，治理民政。汉景帝时改称太守。后世只有北周称郡守，余均以太守为正式官名，郡守成了习称。

"宝瓶口"。被分开的玉垒山的末端，状如大石堆，就是后人所说的"离堆"。

宝瓶口建成后，虽然起到了分流和灌溉的作用，但因江东地势较高，江水难以流入宝瓶口。为了使岷江水能够顺利东流且保持一定的流量，充分发挥宝瓶口的分洪和灌溉作用，李冰又决定在岷江中修筑分水堰，把江水分为两支，迫使其中一支流进宝瓶口。

在修筑分水堰的过程中，李冰独辟新路，让竹工编成长10米、宽近1米的大竹笼，装满鹅卵石，然后一个一个地沉入江底，终于战胜了急流的江水，筑成了分水大堤。大堤前端开头犹如鱼头，所以取名叫"鱼嘴"。

鱼嘴迎向岷江上游，把汹涌而来的江水分成东西两股。西股的叫外江，是岷江的正流；东股的叫内江，是灌溉渠系的总干渠，渠首就是宝瓶口，流经宝瓶口再分成许多大小沟渠河道，组成一个纵横交错的扇形水网，灌溉成都平原的千里农田。

为了进一步控制流入宝瓶口的水量，李冰又在鱼嘴分水堤的尾

李冰父子修都江堰

■ 都江堰宝瓶口

部，修建了分洪用的平水槽和"飞沙堰"溢洪道。

　　飞沙堰也用竹笼装卵石堆筑，堰顶做到适宜的高度。当内江水位过高的时候，洪水就经由平水槽漫过飞沙堰流入外江，以保障内江灌区免遭水淹。同时，漫过飞沙堰流入外江的水流产生了旋涡，由于离心作用，泥沙甚至是巨石都会被抛过飞沙堰，因此还可以有效地减少泥沙在宝瓶口周围的沉积。

　　为了观测和控制内江水量，李冰又雕刻了3个石桩人像，放于水中，以"枯水不淹足，洪水不过肩"来确定水位。还凿制石马置于江心，以此作为每年最小水量时淘滩的标准。

　　李冰花费8年时间，终于建成了都江堰。当时叫"湔堋"，三国时称"都安堰"，又叫"金堤"，唐代称为"楗尾堰"。从宋代开始，把整个都江堰水利系统的工程概括起来，在《宋史》中第一次提到"都

溢洪道 是水库等水利建筑物的防洪设备，多筑在水坝的一侧，像一个大槽，当水库里水位超过安全限度时，水就从溢洪道向下游流出，防止水坝被毁坏。包括进水渠控制段泄槽出水渠。按其所在位置，分为河床式溢洪道和岸边溢洪道。

蜀 指四川。秦时设蜀郡。汉设益州部。唐设剑南道,又分剑南东川、剑南西川两节度使。宋设西川路和峡路,后将西川、峡二路分为益州、梓州、利州、夔州4路,合称"川峡四路",简称"四川路",四川一名由此产生。元时合并4路,设为四川行省。自此,四川省治沿用至今。

江堰",较为准确地代表了整个水利工程系统,这一名称一直沿用至今。

据《华阳国志·蜀志》记载,李冰建成都江堰后,成都平原的岷江水患被彻底根除,蜀地从此发生了天翻地覆的变化,蜀地农业生产迅猛发展,"水旱从人,不知饥馑,时无荒年,天下谓之天府也",成为闻名全国的鱼米之乡。

都江堰以不破坏自然资源,充分利用自然资源为人类服务为前提,整个工程各部分相辅相成,共为体系:自动引水分流,自动排沙防洪,自动调控岷江内外江水量,既防洪又灌溉,同时还有水运功能。从而变害为利,使人、地、水三者高度和谐统一,实现了人与自然的和谐发展。它不仅是人类文化史上的共同财富,也是人类改造自然实现"天人合一"的最崇高的典范。

■ 都江堰风光

■ 桂林灵渠风光

灵渠又称湘桂运河，也称兴安运河。在广西壮族自治区兴安县境内。秦始皇在统一南方各地的征战中，为了向前线运送粮饷，命监御史史禄掌管军需供应，督率士兵、民夫在兴安境内湘江与漓江之间修一条人工运河。

在当时，没有开挖机械，没有爆炸火药，只能用铁锥铁钻来钻取石块，用锄铲来开凿渠道；也没有任何准确的测量仪器，只能用目测、步测的方法来决定地势的高低。

史禄及其同僚，翻山越岭，查勘地形，反复对比，决定在湘江上游海洋河面分水村河段作为分水点。他们用巨石砌成一条约半里的"人"字堤，顶部前锐后钝，形如犁头，故名"铧堤"，高6米，强把河水三七分流，三分经南渠流入漓水，七分经北渠引入湘江。

监御史 官名。秦以御史监郡，称监御史。为监察之官，此外还有推荐人才的权力、有兴修水利的权力，以及在战事紧张的时候统兵作战的权力。公元前211年秦军进攻南越时，运输补给供应不上。监御史史禄"凿渠运粮，深入越"。他开凿的就是著名的灵渠。

■ 灵渠景观

"人"字堤后面开成了一个分水塘。他们仅凭目测、步测，准确地找到了湘漓的连接点、分水点和分水比例。

铧堤分水后，形成了北渠和南渠。北渠在湘江故道河谷平原，迂回曲折，逶迤盘桓，呈"S"形，长4千米，比故道长一倍。这样，可以延长流程，减缓流速，便于通漕，又可以扩大湘江的灌溉面积，可谓一举两得。南渠经兴安城东北接灵水，经溶江镇，汇入漓江。渠长30多千米，还要过岗穿隘，工程艰巨，可想而知。

流水通过了渠道，便进入了陡门。陡门是提高水位，便于舟楫浮渡的工程，这样，舟楫就可翻坡过岭。灵渠是世界上最早的提水通航工程，是近代船闸的始祖。

灵渠凿成后，秦始皇迅速统一岭南。仅此一点，史禄和他的同僚便功不可没，功传千秋。

随着灵渠的开通，湘江与漓江的水运航道衔接起来，中原和百越之间舟楫往来，分水岭不复存在，南北两地的货物得以互通有无，中原与百越之地的文化、经济得以相互交融。

史禄之后，历代相继修复灵渠，共24次。其中，东汉初期军事家马援、唐代两任地方官李渤、鱼孟威

岭南 原是指我国南方的五岭之南的地区，相当于现在广东、广西及海南全境，以及湖南及江西等省的部分地区。岭南是我国一个特定的环境区域，这些地区不仅地理环境相近，而且人民生活习惯也有很多相同之处。

修筑灵渠业绩最著，人们为了纪念他们，在灵渠旁为他们建立了灵济庙，后改称四贤祠。

灵渠之所以经千年洪水冲刷，仍巍然屹立，是因为秦代人将松木纵横交错，然后夯实插放在坝底，其四围再铺以用铸铁件铆住的巨型条石，形成整体。这个奥秘，直至20世纪80年代维修大坝时才发现。

灵渠选址，踏勘详尽缜密，即便时至今天，其地质、地形运用皆令人叹为观止。兴安的中部地势是中间高两头低，形成了东北、西南向低山槽，海拔250米左右，南北两侧海拔500米至1500米，史称"湘桂走廊"。湘、漓之水同出一山，分源各流。

兴安的东半部南高北低，发源于海洋山的海洋河沿北向倾斜地势而下，经兴安城北入洞庭，称湘江。兴安的西半部北高南低，发源于猫儿山的六洞河顺势南流，沿途汇流，称大溶江，再汇灵河，称漓江。漓

129

科技之魂

法天而行

■ 灵渠景观

坎儿井井渠·

江经桂林、梧州入西江。

兴安城西北有始安河，兴安城东有湘江一条小支流。两水最近处不足3华里，其间横亘着南北向的小土岭，其宽不超过1华里，相对高度仅20米至30米。但这里湘江河宽水急，工程浩大艰巨。溯源而上，切穿鳌头岭和龙王庙山，海洋河水流变缓，对于人筑坝、水减速都十分有利，还可降低凿渠深度。

劈山开渠，两水落差五六米。海洋河水量大、水位低，始安河水位高、水量小。怎么实现三七分水取湘补漓？"铧堤"工程完成了这项工作。

灵渠在向世人展示着中华民族不畏艰险、吃苦耐劳精神的同时，也展示着中华民族丰富的智慧和无穷的创造力。在青山绿水间，灵渠守持自己的天地，深得"天人合一"之奥妙，拥有着自己的价值。

坎儿井，是"井穴"的意思，早在西汉史学家司马迁的《史记》中便有了记载，当时称"井渠"，而新疆维吾尔语则称之为"坎儿孜"。坎儿井是荒漠地区的特殊灌溉系统，普遍修建于我国新疆吐鲁番地区。

吐鲁番盆地位于欧亚大陆中心，是天山东部的一个典型封闭式内陆盆地。由于距离海洋较远，且周围高山环绕，加以盆地窄小低洼，潮湿气候难以浸入，降雨量很少，蒸发量极大，故气候极为酷热，自古即有"火州"之称。但其北部的博格达山和西部的喀拉乌成山，春夏时节有大量融化的积雪和雨水流下山谷，潜入戈壁滩下。于是人们利用山的坡度，巧妙地创造了坎儿井，引地下潜流灌溉农田。

坎儿井是开发利用地下水的一种古老的水平集水建筑物，适用于山麓、冲积扇缘地带，主要是用于截取地下潜水来进行农田灌溉和居民用水。

坎儿井的结构由竖井、暗渠、明渠和涝坝4部分组成。总的说来，坎儿井的构造原理是：在高山雪水潜流处，寻其水源，在一定间隔打一深浅不等的竖井，再依地势高下在井底修通暗渠，沟通各井，引水下流。地下渠道的出水口与地面渠道相连接，把地下水引至地面灌溉桑田。

正是因为有了这样独特的地下水利工程，把地下水引向地面，灌溉盆地数十万亩良田，才孕育了吐鲁番各族人民，使沙漠变成了绿洲。

吐鲁番现存的坎儿井，多为清代以来陆续修建，如今仍浇灌着大片绿洲良田。坎儿井不因炎热、狂风而使水分大量蒸发，因而流量稳定，保证了自流灌溉。

在坎儿井建造过程中，暗渠的掏捞工程十分艰巨。暗渠又称地下渠道，是坎儿井的主体。暗渠全部是在地下挖掘，一般高1.7米，宽1.2米，短的100米至200米，最长的长达25千米。

暗渠 又称地下渠道，据记载，坎儿井始于西汉，暗渠的作用是把地下含水层中的水会聚到它的身上来，一般是按一定的坡度由低往高处挖，这样，水就可以自动地流出地表来。暗渠全部是在地下挖掘，因此掏捞工程十分艰巨。

■ 坎儿井取水雕塑

吐鲁番先民挖渠雕塑

在开挖暗渠时，为尽量减少弯曲、确定方向，吐鲁番的先民们创造了木棍定向法。即相邻两个竖井的正中间，在井口之上，各悬挂一条井绳，井绳上绑上一头削尖的横木棍，两个棍尖相向而指的方向，就是两个竖井之间最短的直线。然后再按相同方法在竖井下以木棍定向，地下的人按木棍所指的方向挖掘就可以了。

在掏挖暗渠时，吐鲁番人民还发明了油灯定向法。油灯定向是依据两点成线的原理，用两盏旁边带嘴的油灯确定暗渠挖掘的方位，并且能够保障暗渠的顶部与底部平行。但是，油灯定位只能用于同一个作业点上，不同的作业点又怎样保持一致呢？挖掘暗渠时，在竖井的中线上挂上一盏油灯，掏挖者背对油灯，始终掏挖自己的影子，就可以不偏离方向，而渠深则以泉流能淹没筐沿为标准。

暗渠越深，空间越窄，仅容一个人弯腰向前掏挖而行。由于吐鲁番的土质为含硅酸盐的黏性土，加之作业面又非常狭小，因此，要掏挖出一条25千米长的暗渠，不知要付出怎样的艰辛。

据说，天山融雪冰冷刺骨，而工人掏挖暗渠必须要跪在冰水中挖土，因此长期从事暗渠掏挖的工人，寿命一般都不超过30岁。所以，总长25千米的吐鲁番坎儿井被称为"地下长城"，真是当之无愧。

从生态学角度来看，新疆吐鲁番坎儿井堪称人与自然和谐相处的典范工程，在维护吐鲁番地区的生态环境平衡上起着举足轻重的作用。

用暗渠引水避免了各种损耗，扬长避短，节水节能，这是何等的科学，人与自然又是多么和谐。同时，由于吐鲁番高温干燥，蒸发量大，水在暗渠不易被蒸发，而且水流地底不容易被污染，再有，经过暗渠流出的水，经过千层沙石自然过滤，最终形成天然矿泉水，富含众多矿物质及微量元素，当地居民数百年来一直饮用至今，不少人活到百岁以上。

坎儿井是人与自然最和谐的一种关系。山上有多少水，就流下来多少水，也就通过坎儿井流到村庄多少水。坎儿井的水流到村庄以后，就形成水塘，有鱼、有鸟，还有大树，在沙漠里面只要有树，树荫下面就是最凉快的地方，于是人们白天在树下做手工活，晚上在树下跳舞、唱歌，形成一种社区生活。实现人与自然的良性循环。

阅读链接

在近代提倡和推广坎儿井最有力和影响最大的人物首推林则徐。1845年，他遣戍伊犁途中，在距吐鲁番约40千米处看到坎儿井，当时十分惊讶，询问知其利益后便竭力主张推广。

在林则徐到新疆办水利之前，坎儿井限于吐鲁番，为数30余处，林则徐将坎儿井推广到伊拉里克等地，增开60余处，共达100余处。这些成就的取得与林则徐的努力是分不开的。

生物保护与天人合一观

那是在我国夏末商初之际，在亳这个地方有一个商部落，部落的首领商汤是一个非常仁慈的人，也是一个很有战略眼光的领导者。

有一次，商汤去野外狩猎，他看见有一个人正在四面张开围捕禽兽的大网，嘴里还念念有词地说："愿天下四方的禽兽都钻到我的网里来！"

商汤雕塑

商汤听那人祷告时说的话，就走近前来，笑着对那人说："以前蜘蛛蝥虫结网捕食，现在人们也学会了。但像您这样四面张网，不是把天下的鸟兽都捕尽了吗？以后您还捕什么呢？真这样的话，所有禽兽就被杀光了！除了像桀那样的暴君，谁还会做这种事呢？"

科技之魂

法天而行

那人一听，连连点头。商汤建议那人撤掉三面网，只留一面，那人接受了这个建议。商汤帮助那人重新布置了一面网。

■ 博物馆内的动物标本

布网之后，商汤又跪在地上，亲自教那人这样进行祷告，他说："所有的生灵啊，想向左的就向左，想向右的就向右，想往高处飞的就往高处飞，想要往下钻的就往下钻。剩下那些违背天道，命该绝的，就请到我的网里来吧。"

商汤"网开三面"的故事很快就被人们传了出去。各地诸侯听到后，都十分感慨地说："商汤不但关心老百姓，还关心禽兽生死，他的德行真高啊！"

商汤布德施惠的政策赢得了诸侯的信任，诸侯们认为，商汤的仁德既然可以施与禽兽，也就必能施与人，于是便纷纷归附于商汤。

商汤为了爱鸟网开三面，有如此谋略，说明古人

诸侯 是我国古代中央政权所分封的各国国君的统称。周代分公、侯、伯、子、男五等，汉朝分王、侯二等。周制，诸侯名义上需服从王室的政令，向王室朝贡、述职、服役，以及出兵勤王等。汉时诸侯国由皇帝派相或长吏治理，王、侯仅食赋税。

已经认识到，要想利用自然资源，尤其是生物资源，保持良好的生存环境，必须注意保护，合理开发，反对过度利用。

我国古代先民对人与自然的关系具有独特的见解。古人认为，人、地、天在相互制约中发展，这是一种自然性的客观规律，作为人不能违背它，而只能与天和谐相处，这就是"天人合一"。

"天人合一"思想是一套比较先进的科学生态理论，构成了古代先民自然生态观的基础，指导着先民对生物生态的认识，制约着先民们处理人与生物关系的行为。

生态是一个系统，其中的生物占有绝对重要的地位。生物包括地球上的植物和动物，人类是生物链条中的高级动物。多种多样的生物不仅维持了自然界的持续发展，而且是人类赖以生存和发展的基本条件。"天人合一"思想被古代先民奉为一种神圣的精神，形成了对自然界生物的一种"遂性"观念，即让生灵万物各按其本性自由自在地去生存、发展。

古人一方面推崇生物自由发展，另一方面反对对生物进行无限制

■ 博物馆内的老虎捕鹿标本

■ 禹 姒姓，夏后氏，名文命，号禹，后世尊称其为大禹。他是夏后氏首领、夏朝第一任君王。他是我国传说时代与尧、舜齐名的贤圣帝王，他最卓著的功绩，就是历来被传颂的治理滔天洪水，又划定我国国土为九州。大禹为了治理洪水，长年在外与民众一起奋战，置个人利益于不顾，治水13年，耗尽心血与体力，终于完成了这一件名垂青史的大业。

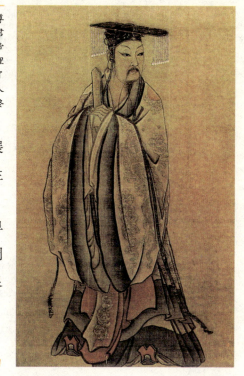

的索取。对破坏生物自由发展的行为有所禁止，于是就产生了一些保护生物的律令。

我国保护生物的律令最早可以追溯到夏代，据《逸周书·大聚解》载，大禹具有良好的生态保护意识：

禹之禁，春三月，山林不登斧，以成草木之长；夏三月，川泽不入网罟，以成鱼鳖之长。

由此可见，为保护山林草木、川泽鱼鳖等动植物资源，大禹时期就规定了春季3个月不允许带斧头等砍伐工具上山，以利于草木的生长；夏季3个月不允许带网罟等捕捞工具下河，以利于鱼鳖繁衍生殖。

这是对保护草木鱼鳖等生物生长的措施，说明早在三四千年前，对有些破坏自然生态的行为，已有明确的刑律惩处规定。

古代智者将人们长期积淀下来的生存经验上升为对于"度"的认知，将适度思想纳入文化体系。比如

大夫 古代官名。西周以后先秦诸侯国中，在国君之下有卿、大夫、士三级。大夫世袭，有封地。后世遂以大夫为一般任官职之称。秦汉以后，中央要职有御史大夫，备顾问者有谏议大夫、中大夫、光禄大夫等。清代高级文职官阶称大夫，武职则称将军。

■ 鲁宣公雕塑

周文王临终之前嘱咐周武王加强山林川泽的管理，告诉人们不可尽数捕杀成年幼年动物，让动物各得其所、正常繁衍生息。

对此，《逸周书·文传解》记载说：

> 山林非时不升斤斧，以成草木之长；川泽非时不入网罟，以成鱼鳖之长；不麛弗不卵，以成鸟兽之长。

意思是说，山林不到季节不举斧子，以成就草木的生长；河流湖泊不到季节不下渔网，以成就鱼鳖的生长；不吃鸟卵不吃幼兽，以成就鸟兽的生长。

显然，古人已经懂得在向自然界索取资源时，一定要有节制，要注意时令，要按一定的季节进行捕鱼、猎兽等生产活动。周文王的规定，更为适"度"，人与自然界生物的关系更为显现。

我国古代文献《国语·鲁语》中记载了一个"里革断罟"的故事，据这个故事的描述，鲁国大夫里革在严格执行周文王的法令时很坚决。

有一年夏天，鲁宣公到泗水捕鱼，里革勇敢地站出来干涉，说根据周文王规定的"川泽非时不入网罟"的制度，认为鲁宣公的做法违反了古制。

卿士　卿史、卿事。西周春秋时周天子或各诸侯国的执政官。春秋诸侯国官制与周王朝相似，辅佐国君之重臣也为卿士，如楚国卿士指执政的令尹、司马。其余诸国多称为卿。表明春秋时各国之卿皆从西周卿士演化而来。

里革不但把鱼网撕毁扔进水里，而且大声向鲁宣公宣讲古训：为了保护草木鸟兽鱼虫，使之繁衍生息，山上再生出来的树木枝条不得再砍，水中未长大的水草不能割，捕鱼不捕小鱼，捕兽不捕幼兽，不能摸鸟蛋破穀卵，不能破坏未成形的幼虫。

里革的古训可以理解为就是法令，能以保护环境的法令制止君王的违法，这说明古人对环境保护多么重视。

公元前524年，周景王鉴于国库吃紧，打算铸金币。卿士单穆公表示反对，认为单靠铸钱币的办法并不能解决国库亏空的问题，因为铸钱所需金属原料要靠挖掘山林而得，而破坏山林是使不得的。

单穆公高瞻远瞩，从整体利益出发，把保护山林川泽和国计民生联系在一起。他说："如果山林资源枯竭，没有虞衡的管理，水泊不出产，人民无力生产，田地荒芜，物资匮乏，君长只有忙于应付危险局面，哪有安乐可言呢？"

夏商周时期保护自然界动植物的观念，被后世各王朝所接受。例如唐代便规定："凡采捕畋猎必以其时，冬春之交，水虫孕育，捕鱼之器，不施川泽；春夏之交，陆禽孕育，饺兽之药不入原野；夏苗之盛，不得蹂籍；

■ 周文王画像

虞衡 指我国古代掌管山林川泽的官员，也称"虞部"、"虞曹"。早在周汉时期就已经出现，魏晋以来，概称虞曹、虞部。隋代以后虞部属工部尚书。明代起改为虞衡司，清末始废。虞衡官职的设立有利于古代环境的保护。

秋实之登，不得焚燎。"

宋代也有类似的机构与法律，规定"民二月至九月，无得采捕虫龟，弹射飞鸟"。为了保护动物，还下令收缴捕猎工具，宋太祖时期，禁止岭南地区捕象，作为配套的措施，命令地方官收缴当地的捕象工具。

更值得一提的是，宋代一度流行"皮草"，流行以"鹿胎为冠"，宋仁宗知道后，立刻下令："禁戴鹿胎冠子，及无得辄捕制造。"元代对于保护动物更加重视，力度也更大。

对于传统的保护生物之禁，到了明代更为丰富具体。据《明史·职官志》的记载："凡鸟兽之肉皮革骨角羽毛，可以供祭祀、宾客膳羞之需，礼器军实之用，岁下诸司采捕。"同时规定了诸司采捕的具体数量，不可超额，如"水课禽十八，兽十二；陆课兽十八，禽十二"等。

这表明，直到明清时期，仍在继承着夏周以来的保护动植物的律令和政策。由此可见，我国古代几千年来一直有着保护生物生态、平衡生物生态的优良传统。

阅读链接

清代学者钱大昕的《十驾斋养心录》卷下有"鸡鸭谏议"条，说宋高宗于1135年颁布诏书，禁止在阴雨成灾时屠杀动物祈祷放晴，禁屠的动物中甚至包括鸡鸭。右谏议大夫借此称颂皇帝的德政。中书舍人胡寅笑道："鸡鸭的事，难道也是谏议大夫主管的吗？听说女真统兵将领有称'龙虎大王'的，下次北军南犯，就让'鸡鸭谏议'去抵挡'龙虎大王'好了。"

胡寅的嘲笑是有道理的。动物保护对象竟然至于鸡鸭，确实有扩大化的倾向。然而"鸡鸭谏议"的故事，则又说明动物保护观念的确是和儒学讲求仁政德治的正统意识相互契合的。

古代科技与天人合一观

　　我国古代科技取得辉煌成就固然与多种因素有关，但作为古代人文精神延伸的一个重要基础，"天人合一"思想对我国古代科学领域的诸多方面具有很大影响，发挥了一定的指导和作用。

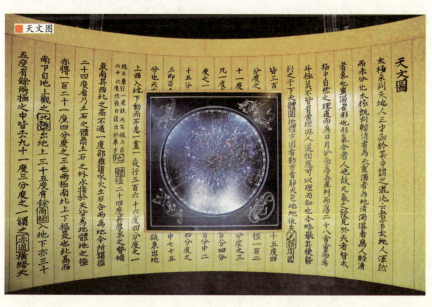

■ 天文图

哈雷彗星 是每76.1年环绕太阳一周的周期彗星，因英国物理学家爱德蒙·哈雷首先测定其轨道数据并成功预言回归时间而得名。哈雷彗星是人类首颗有记录的周期彗星，在我国有这颗彗星出现的清楚纪录，但是当时并不知道这是同一颗彗星的再出现。自公元前240年至1910年共有29次记录，并符合计算结果。

在我国传统文化中，"天"作为其核心观念之一，涉及社会生活几乎所有领域，贯穿古今，深入人心，在表达我国人的思想感情方面发挥着十分关键的作用。正是由于这样一种特征，才使得"天"的观念在我国古代科技发展中产生了深远影响。

掌握天文学知识是一个民族发展的起源和根本。我国古代对"天"的崇拜以及在此基础上产生的"天人感应"的观念体系，使人们能够及时而细致地观测到天象和气象的变化，从而获得很多重要发现。

我国古代有世界上公认的首次关于哈雷彗星的确切记录。据《春秋》记载，公元前613年，"有星孛入于北斗"，即指的是哈雷彗星，这一记录比欧洲早600多年。

建立历法系统与天文观测有直接的关系。春秋时期，我国历法已经形成自己固定的系统，基本上确立了19年7闰的原则，这比西方早160年。

战国时期，出现了世界上最早的天文学著作《甘石星经》。在长期观测天象的基础上，战国时期楚人甘德、魏人石申各写出一部天文学著作，后人把这两部著作合称为《甘石星经》。其中有丰富的天文记载，反映了那个时期人们对天文现象的认识。

《甘石星经》详细记载了金、木、水、火、土五星之运行情况以及它们的出没规律，并肉眼记录"木卫二"。还记录了800多个恒星的名字，测定了121颗恒星的方位，并划分其星官，其体系对后世发展具有深远影响。书中还提及日食、月食是天体相互掩食的现象。

我国有世界上最早、最完整、最丰富的日食记录。光是古书的史料，就有1000多次日食记录。最早是《尚书》记载的发生在公元前1948年的一次日食。《诗经》中更是详细记载了发生在公元前776年9月6日的日食："十月之交，朔日辛卯，日有食之。"

东汉时期，著名天文学家张衡从日、月、地球所处的不同位置，对月食作了最早的科学解释。张衡发明制作的地动仪，可以遥测千里以外地震发生的方向，比欧洲早1700多年。

天琴座流星雨一般出现于每年的4月19日至23日，通常22日是极大日。我国古代关于流星雨的记录，大约有180次之多。其中天琴座流星雨记录大约有9次，最详细的记录见于《春秋》：

　　鲁庄公七年夏四月辛卯夜，恒星不见，夜中星陨如雨。

鲁庄公七年是公元前687

■ 张衡发明的地动仪

超新星 是某些恒星在演化接近末期时经历的一种剧烈爆炸。这种爆炸都极其明亮，过程中所突发的电磁辐射经常能够照亮其所在的整个星系，并可持续几周至几个月才会逐渐衰减变为不可见。在这段期间内一颗超新星所辐射的能量可以与太阳在其一生中辐射能量的总和相媲美。

年。这是世界上关于天琴座流星雨的最早记录。

我国史书上还详细记载了超新星爆发形态和过程。《史记·天官书》："客星出天廷，有奇令。"意思是说，天上出现超新星爆发，地上必有奇异的政令。明无名氏《观象玩占》："客星，非常之星，其出也无恒时，其居也无定所，忽见忽没，或行或止，不可推算，寓于星辰之间，如客，故谓之客星。"

古代记载中的客星，主要是彗星、新星和超新星以及其他天象。超新星爆发的残骸即今天仍可见到的蟹状星云。根据上述两则观测记载描述的情况看，古人观测到的超新星爆发的机理和演化过程与现代恒星演化理论非常吻合，因而这一观测记录就成为支持现代恒星演化理论的重要证据。

由于"天"的观念不局限于天空，所以"天"的观念对科技发展的影响也不局限于天文气象领域。我国古代医学强调"天人相应"，"人与天相参也，与日月相应也"。中医通过阴阳、五行、六气与天干、地支的交叉、排列、组合，来建立"天人相应"的具体联系。

中医认为，人体生命活动受四时阴阳的影响，因此生理过程必定呈现一定时间节律，而与天相应合。这些认识成果很多已

■ 二十八星宿

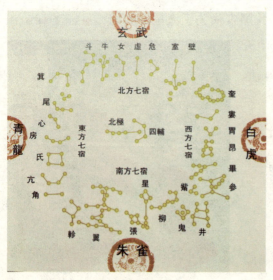

■ 古代农耕场景

在现代生理生化实验中得到证实。中医之所以有独特疗效，在养生和防治上取得一些西医达不到的效果，原因之一就在于"天人相应"观念可能弥补了单调生理解剖的认知模式的不足。

"天人相应"观念也对我国古代农业发展史产生了很大影响。《吕氏春秋》中说，庄稼，播种它的是人，令它成活的是土地，滋养它的是上天。就是说把农作物的生长看作是在天、地、人共同作用下完成的过程。

北魏农学家贾思勰强调：顺应天时，裁量地理，根据规律办事，那么用力少而成功却多；如果放纵情欲违背大道，就会劳动而没有收获。这就需要不断协调天、地、人三者关系，将农耕置于天地万物大环境中，注重天人和谐地相互影响、相互作用。

在工程技术方面，我国古代提出"制器尚象"

炒钢 因在冶炼过程中要不断地搅拌好像炒菜一样而得名。炒钢的原料是生铁，操作要点是把生铁加热到液态或半液态，利用鼓风或撒入精矿粉等方法，令硅、锰、碳氧化，把含碳量降低到钢和熟铁的成分范围。炒钢的产品多是低碳钢和熟铁，但是如果控制得好，也可以得到中碳钢和高碳钢。

的原则，即经人通过效仿自然之象创制器物，以利天下。明代著名科学家宋应星著《天工开物》一书，其要义在于说明物生自天，工开于人，即所谓"天工人其代之"。

人应该顺应自然，善于利用自然而不是破坏自然环境，应保持人工与天工的和谐。因此，在古代纺织、食品加工、陶瓷、造纸、机械等技术领域，我国传统工艺多用天然材料，很少出现环境污染的事情。即使是在采矿、铸冶等领域，需较大力度地变革自然，仍尽量增加技术过程中的自然因素。

比如：开采煤矿时注意通风、排水、支护、回填以至共生物硫化铁的回收；在炒钢时以黄土、稻草为熔剂造渣，渗碳制钢时以松木、豆豉作为渗碳剂。此外，"天人相应"的观念还影响到我国古代的建筑、水利等其他技术领域。

总之，"天人合一"思想对我国古代的天文、历法、中医、农业、传统手工艺等领域产生了重要影响，指导人们取得了多项科技成果，体现了中华传统文化的丰富底蕴和魅力。

阅读链接

我国古代十分重视北斗七星。据战国时期楚人甘德、魏人石申的天文学著作《甘石星经》："北斗星谓之七政，天之诸侯，亦为帝车。"皇帝坐着北斗七星视察四方，定四时，分寒暑。把北斗星斗柄方向的变化作为判断季节的标志之一。

斗柄东指，天下皆春；斗柄南指，天下皆夏；斗柄西指，天下皆秋；斗柄北指，天下皆冬。斗为帝车，运于中央，临制四海；分阴阳，建四时；均五行，移节度，定诸纪，皆系于斗。因此，古人说："斗者，天之喉舌。"

天人相应

中医学"天人合一"的概念认为：人体有自己的生命活动规律，与自然界具有相通相应的关系。不论是日月运行还是地理环境，各种变化都会对人体的生理、病理产生重要影响。在这种思想指导下，《黄帝内经》为传统中医养生学积累了丰富的经验。

《黄帝内经》以"天人合一"思想为指导，从医学角度揭示了人与自然关系的实质，确立了传统中医养生"形神合一"、"阴平阳秘"、"合理膳食"等基本的养生观念，并且达到了尽善的境界。

《黄帝内经》的天人相应

传说，黄帝时期出现了3位名医，他们是雷公、岐伯和俞跗，都是黄帝之臣。其中的岐伯又是黄帝的太医，奉黄帝之命典主医病，白天尝味各种草木，识别药性，晚上习养生之道，掌握经络医术。

黄帝画像

相传岐伯曾乘坐由12只白鹿拉的绛云车，遨游于东海中的蓬莱仙山，奉黄帝之命向仙人求不老之药，十分浪漫。他还懂音乐，会做乐器，测量日影，多才多艺，才智过人。

在巡游各地的过程中，岐伯见许多百姓罹患疾病，便立志学医，四处寻访良师益友，精于医术脉理，遂成为名震一时的医生。

■《黄帝内经》

　　黄帝也是一个十分关注天下苍生命运的人，为了疗救民疾，他诚恳地尊岐伯为老师，两人一起研讨医学问题。他们探讨的内容在后来的战国时期被人整理成书，这就是《黄帝内经》，其中的多数内容就是以岐伯与黄帝答问形式写成的。

　　我国医学素称"岐黄"，或谓"岐黄之术"，岐伯当属首要地位。

　　《黄帝内经》与世界上众多其他医书的根本不同之处就在于，它不是一本单纯的医学著作，而是注重人与自然等基本理论的论述。唐代医学家王冰在《重广补注黄帝内经素问》中称，《黄帝内经》"上穷天纪，下极地理，远取诸物，近取诸身，更相问难"，意思是此书结合天地间的种种事物，来讨论人体有关生理、病理等方面的医学问题。这便是《黄帝内经》"天人合一"、"整体恒动"的指导思想。

　　事实上，《黄帝内经》以"天人合一"思想为指

太医　古代宫廷中掌管医药的官员。周官有医师，秦汉有太医令丞，魏、晋、南北朝沿置。隋置太医署令。宋有医官院，金改称太医院，置提点为长官。明清相沿，长官称为院使。亦以泛称皇家医生。宋元以后用为对一般医生的敬称。

岐伯画像

导，在揭示人与自然的和谐方面，在利用人与天地的相应方面，做到了尽善的地步，确实到了极高的境界。

据考证，"天"字在《黄帝内经》中出现了3199次，并有着许多不同的含义与意义。这里的"天"不仅指的是自然界的天，又有主宰万物之神灵的天。

对于自然界的"天"，《素问·天元纪大论》说：广阔无际的天空，是宇宙造化的原始基础，万物滋生的开始。天有五运、九星、七曜，而五运是布施天地真元之气，总领大地万物生长的基础九星悬朗，七曜旋转是产生阴阳、柔刚、昼夜、寒暑的根本原因，生化不息，使万物呈现茂盛之机。

这里的天是指充满着宇宙的物质基础，万物生长的根源。天是可以产生阴阳、柔刚、昼夜、寒暑的根本原因，万物生生不息的机制，这是大自然的天。

主宰万物之神灵的"天"，是一切至高无上的神，能赏善罚恶，是主宰一切的至高无上的神，人间的一切都在"天"的掌握之中。人其实受天的制约。

因此，《黄帝内经》对于"天"的主要思想观点是，人要遵循天地运动之规律，把握天道。这样，"天"自然会"列星随转，日月递照，四时代御，阴阳大化，风雨博施"，这是具有无穷智慧·自然之神的恩惠。

五运　五行学说术语。即土运、金运、水运、木运、火运的合称。"五行"在一定意义上讲是"五星"的谐音。古人以木、火、土、金、水五运来概括五行之气在天地间的运动变化规律。五星在其运行过程中，与地球之间的距离及角度不断发生变化且具有一定的规律性，这种变化对地球气候有着重要的影响。

"人"字在《黄帝内经》中总共出现了3655次，《黄帝内经》认为人的起源，是在宇宙中特定的环境下生成的。天地交汇阴阳之气形成有灵性的生命，就叫做"人"。

《素问·宝命全形论》说："天覆地载，万物悉备，莫贵于人。"由于上天的庇护，大地的承载，万物皆备，但是在万物之间，没有比人更高贵的了，因为人是有灵性的，有智慧的，是"天"这个神灵造的。

人是天地造合的，又与天地的变化密切关联，所以人要遵循四时之法成，随着春生、夏长、秋收、冬藏的规律而成长。人体的功能活动随着自然界的运动而发生相应的变化。

《黄帝内经》认为人的生命来源于自然，人不仅依赖天地之气而生，而且人的生命活动与自然界息息相关，因此，正确的认识和掌握自然界运动变化规律，对人体有益。

《黄帝内经》认为，人体与天相应和。人身体中的九窍、五脏、十二关节等，皆与天地阴阳五行相互贯通。

比如人与天通："天有日月，人有两目；天有风雨，人有喜怒；天有雷电，人有声音；天有四时，人有四肢；天有五音，

養生精要

天人相应

■《黄帝内经》

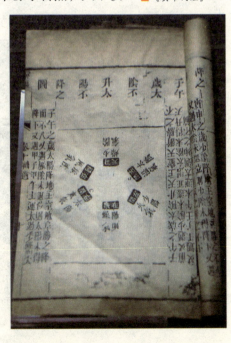

九星《素问·天元纪大论》里说"九星悬朗"，说的是9颗明朗的星星高高悬挂在天上。这9颗星指的就是北斗七星的"天枢"、"天璇"、"天玑"、"天权"、"天衡"、"开阳"、"摇光"，加上开阳和摇光左边的左辅星和右边的右弼星，共为9颗星。

十二经脉 又名十二正经，是经络系统的主体，即手太阴肺经、手厥阴心包经、手少阴心经、手阳明大肠经、手少阳三焦经、手太阳小肠经、足太阴脾经、足厥阴肝经、足少阴肾经、足阳明胃经、足少阳胆经、足太阳膀胱经。它们通过手足阴阳表里经的连接而逐经相传，构成了一个周而复始、如环无端的传注系统。

人有五脏；天有六律，人有六腑；天有冬夏，人有寒热；天有阴阳，人有夫妻；天有昼夜，人有卧起；天有列星，人有牙齿。"等等。

再如人与地通："地有九州，人有九窍；地有高山，人有肩膝；地有深谷，人有腋腘；地有十二经水，人有十二经脉；地有泉脉，人有卫气；地有草蕒，人有毫毛；地有小山，人有小节；地有山石，人有高骨；地有林木，人有募筋；地有聚邑，人有䐃肉。"等等。

人体与天相应和的表现，如以关节为例，就是四肢应四时。人的关节与节气相关，与天气变化相关，临床上许多有关节痛的人，与天气的变化有关，有时他们的关节反应往往比气象预报还要准确，天气预报没有雨，他们说有，结果真的下雨了。

由此可见，"天人合一"主要表现为天与人的相

■ 人类进化历程

互作用，天与人的规律相通，天与人的结构类似。

《黄帝内经》认为，人体与自然相应和。比如，"五输穴"是十二经脉各经分布于肘膝关节以下的5个重要穴位，即井、荥、输、经、合，这些穴位是按自然界中水的流势命名的。其中的井穴在指趾端，为脉气发出之处，刚发出的脉气有如泉水自地而出，逐渐由微而盛，而至灌注，而至转输，而至流通，最终如山溪到江、河、湖、海。

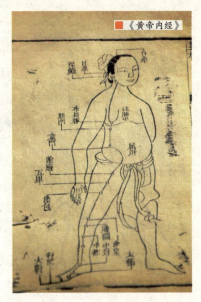

这种用自然界的江河湖海的含义来引喻人身体经脉通道的阐释，充分体现了人与自然的关系，其主旨就是"天人合一"。

《黄帝内经》认为，人体与地理环境相应和。由于地理的原因，人们的生活习惯不同，气候与生活条件的不同，在地理环境的影响下，各自有其体质差异。

东方之人，鱼类吃多了可以使人产生内热，咸味食多了容易损伤血液。人们的皮肤颜色较黑，肌肉的纹理也比较疏松，而且容易发生痛病一类的疾病。

西方之人，不讲究衣着，穿的是用毛布或粗布做的衣裳，坐卧的也是草编成的褥席。但是，对于饮食却很讲究味道鲜美，吃的是肉类与脂肪较高的食物，因而人们的形体较肥胖，这种体质对外界的环境适应能力较强，外邪不容易侵入人体，但容易使体内产生病邪。

北方之人，喜欢居住在野外的帐篷里，并且经常迁移住所。吃的多是牛、马、羊等动物的乳汁。因此，内脏就容易受寒，发生脘腹胀

养生精要

天人相应

满一类的疾病。

南方之人，喜欢吃酸味和经过发酵制作的鼓酢曲酱食品，他们的皮肤以及肌肉纹理疏松，而面色较红。由于那里的湿热之气过胜，所以发生的疾病，适宜用针刺的方法。

中央之人，由于人们体力活动较少，因而气血运行不够流畅，所以容易产生四肢运动无力的"痿"病，以及手足或者"冷"或者热的"厥"病。

《黄帝内经》认为人们在不同的地理环境条件下，由于受不同水土性质、气候类型、生活条件、生活习惯的影响，在生理上形成了某些特殊的体质。

一般来说，北方人喜食面，而南方喜食米，北方人怕热，南方人怕冷。北方人身材相对高大，南方身材相对矮小。

所以，当人们一旦南北易居，常常不能适应新的地理环境与气候，由于过冷或过热，会产生水土不服之症状。从这里可以看出，传统中医对因异地而居所发生的水土不服之症已有了相当深刻的认识。

《黄帝内经》还认为，不同地区的地理环境，对人的寿命也有一定的影响。

《黄帝内经》揭示

水土不服 中医上指的是病征名。也就是指初到一个地区，由于自然环境和生活习惯的改变，暂时未能适应而出现的各种症状。如食欲不振、腹胀、腹痛泄泻或月经不调等等。同时，中医也认为人具有适应自然环境的能力，这种能力的大小因人而异。

■ 《黄帝内经·素问》

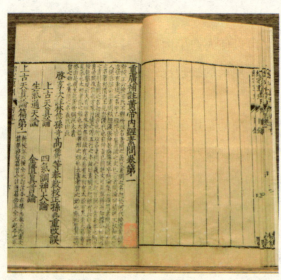

了人体与时间的关系，其中写道：

> 正月、二月，天气始方，地气始发，人气在肝；三月、四月，天气正方，地气定发，人气在脾；五月、六月，天气盛，地气高，人气在头；七月、八月，阴气始杀，人气在肺；九月、十月，阴气始冰，地气始闭，人气在心；十一月、十二月，冰复，地气合，人气在肾。

《黄帝内经》揭示了人体与日月的关系。气候温和，日色晴朗时，则人的血液流行滑润；气候寒冷，天气阴霾，则人的血行也滞涩不畅。月亮初生的时候，血气开始流利；月正圆的时候，则人体血气充实，肌肉坚实；月黑无光的时候，肌肉减弱，经络空虚。人体的气血的盛衰可以根据月亮的盈亏消长、日色的晴朗阴霾而变化，这种规律是以"天人合一"的思想观念为基础的。

总之，《黄帝内经》把天、地、人作为一个整体，把人放到天地、自然、社会之中谈人的生命健康，体现了"天人合一"的基本含义。

阅读链接

轩辕黄帝是一个达到了后世所说的"天人合一"境界的远古圣贤，从而激发出意识深处的大智慧和无穷创造力。

轩辕黄帝参悟宇宙运行逻辑与人类社会秩序间的对应关系，确定了我国本土宗教道教的法道思想体系。他悟道以后，召集了许多杰出的人才，一起进行了创造文字、确定历法、制造乐器等等工作，为中华大地带来一片文明。在科技领域，他带领人民开发原始农业，研讨医学，发明指南仪，制造干戈、战车，烧制陶器，确定算数等等，为人类文明的进步做出了杰出的贡献。

《黄帝内经》的天道人道

那是在很久很久以前，居住在我国中原一带的华夏族有一个有熊部落，部落的首领叫少典，他的妻子是有娇氏部族的女子附宝。因为后人有的称有熊部落为有熊国，少典便被称作有熊国国君。

公元前2717年农历三月初三，少典的妻子附宝在轩辕之丘生下了一个男孩。由于孩子出生在轩辕之丘，少典给儿子取名为轩辕氏。相传轩辕氏一生下来没多久便能说话，显得非比常人，很有灵性。到了15岁，就已经无所不通了。公元前2697年，20岁的轩辕氏继承了有熊国君主的王位。因轩辕氏出生的轩辕之丘的土为黄色，而且能生成物，有土德之瑞，故在继承王位后称为黄帝。

轩辕黄帝雕塑

轩辕黄帝

■ 三祖堂黄帝壁画

据古籍《太乙数统宗大全》记载，黄帝即位的那一天，出现了"五星联珠"的异常天象。五星是指太阳系九大行星中的金星、木星、水星、火星和土星，五星联珠是指这5颗星在一条直线上。

黄帝登上王位，天现吉兆，认为这是上苍的恩赐，降福人间。为了感谢天地神灵赐福，黄帝开始巡游天下，登临泰山祭拜，祈求上苍保佑华夏子孙，永远身体健康，长寿幸福。

黄帝听说崆峒山有个叫广成子的仙人，深得养生长寿之法，年一千二百岁而未衰老，就专程去拜访他，向他请教养生长寿的要诀。

广成子见黄帝诚心诚意，心中甚慰，就给黄帝讲养生长寿的道术。广成子说："修道所要达到的最高境界就是心中一片空明，也就是在修炼之时，看不见、听不到身边的任何事物，全神贯注，凝神静修，

有熊国 有熊始于少典，黄帝继为有熊国君。据史籍记载和考古发现，河南新郑为古代有熊国的地域，黄帝为"有熊国君"之后，有了很大的发展，奠定了中华民族文化和华夏民族形成的基础，故黄帝成为中华民族的共祖、宗祖神。

广成子 黄帝时期汝州人，住在临汝镇崆峒山上，黄帝曾向他请教"至道之要"。传说广成子活了1200岁后升天，在崆峒山留下了两个升天时的大脚印。一说广成子是太上老君的化身，二说"道"的化身曾3次降于人间，分别为黄帝时期的广成子、西周时期的老子、东汉时期的张道陵。

文化主体

天人合一的思想内涵

■ 养生食品

排除外界一切干扰。这时，你的身体就会十分洁净，你的心神就会十分清爽，你就会遵循天地之道，专心地做好一件事情，也就可以获得长生了。"

广成子告诉了黄帝长生不老的修炼方法，还授予黄帝《自然之经》、《阴阳经》等经卷，希望黄帝认真研习，勤加修炼，获得长生。

黄帝向广成子问道后，又登上王屋山，得到了讲述炼丹术的经书，并向玄女、素女询问房中术，了解性与长生不老、延年益寿相结合的道理，然后回到自己的行宫。经过长时间的修炼，他深谙长生之法。

黄帝晚年的时候，来到中原腹地首山，采来铜矿，在荆山下铸鼎，用来熬煮油烹食物，由此开启了我国食疗养生的先河。

据说黄帝铸鼎烹食后，加上原来学到的养生之法，从此长生不老，得道成仙，最后被天上飞来的金龙带到天庭，列入仙班。

　　这个传说发展到殷商时期，形成了一个天神、地祇和人鬼的神灵系统和敬天法祖的信仰传统，至东汉时的道士张道陵创立五斗米道时，尊黄帝为古仙人，此后的道书仍然以黄帝为古仙人。

　　黄帝的食疗养生方法经后世医家、医学理论家的增补，于春秋战国时期集结成书，名为《黄帝内经》。《黄帝内经》在养生方面颇有建树，其中有一个非常重要的思想，这就是"治未病"。书中说：

■ 黄帝浮雕

> 不治已病，治未病，不治已乱，治未乱。

　　意思是说，不治疗已发生的病变，治疗未发生的疾病，不治理已经乱了的世道，治理未乱的世道。

　　"治未病"包括未病先防、已病防变、已变防渐等多个方面的内容。"防"的主旨在于预防疾病，而防病的方法就是注重养生保健，防病于未患。

　　未病先防，重在养生。因此，"治未病"成为传统中医养生的基础工作和根本出发点。

　　《黄帝内经》确立了传统中医养生的基本观念，包括"天人合一"的养生观，"形神合一"的养生

玄女 也称九天娘娘、九天玄女。原为我国古代神话中的女神，后经道教增奉为女仙。汉魏时期，玄女在社会上特别是道教之中有很大影响。玄女与素女是房中术的老前辈，彭祖、老聃是她们的学生，黄帝的飞升也有赖于她们的法术，而在玄、素之中，玄女又居于首位。

■ 养生汤

观，"阴平阳秘"的养生观，"正气为本"的养生观，"合理膳食"的养生观。

中医学"天人合一"的概念是我国古代哲学概念，是指人生活在天地之间，宇宙之中，一切活动与大自然息息相关。

中医学认为：人体有自己的生命活动规律，自然界的四季气候变化就能直接影响到人的情感、气血、脏腑以及疾病的产生。在这种思想指导下，中医养生学认为人类必须掌握和了解四季气候变化规律和不同自然环境的特点，顺应自然，保持人体与自然环境的协调统一，才能养生防病。

比如：春三月，应晚睡早起散步，舒缓身体，以使神志随生发之气舒畅；夏三月，应晚睡早起，不要厌恶白天太长，应使腠理宣统，使阳气疏泄于外；秋三月，应早睡早起，保持意志安定，使精神内守，不

对立统一 唯物辩证法的根本规律。又称对立面的统一和斗争的规律。它揭示出自然界、人类社会和人类思维等领域的任何事物都包含着内在的矛盾性，事物内部矛盾推动事物发展。在哲学上普遍性达到极限程度的辩证法规律只有3个：对立统一规律；量变质变规律；否定之否定规律。

急不躁；冬三月，应早睡晚起，等到太阳出来再起床，避开寒凉保持温暖，不能让皮肤开张出汗而频繁耗伤阳气。对于四季不正之气能够及时回避。

中医学"形神合一"理论来自《黄帝内经》，这种理论始终都是建立在客观生理结构的基础上。首先从生命起源来看，是形俱而神生，即认为先有生命、形体，然后才有心理活动的产生。

形神合一观认为：神是形的主宰，形是神的物质基础，两者对立统一。其中，形是指躯体、身体，神是指思想、思维。中医学提出"形神合一"乃是强调形与神的密切联系。只有当人的身体与精神紧密地结合在一起，即形与神俱、形神合一，才能保持与促进健康。

形神合一观要求：保持精神上清净安闲，无欲无求，心志闲舒，心情安宁，没有恐惧，调整自己的爱好以适合世俗习惯，不生气，不使思想有过重的负担，以清净愉悦为本务，以悠然自得为目的。

春天使情志随生发之气而舒畅，夏天保持心中没有郁怒，秋天保持意志安定不急不躁，冬天使意志如伏似藏，保证心里充实。这样一来，真气深藏顺从，精神持守而不外散。

■养生太极拳

中医"阴平阳秘"的养生观来自《黄帝内经》，书中说："阴平阳秘，精神乃固，阴阳离决，精气乃绝。"意思是说，阴阳平衡的时候，精力和精神就会稳固，阴阳不平衡的时候，精力和神气就会远离。这段话阐明了阴阳的平秘对生命活动的重要意义。

调和阴阳是最好的养生方法。阳气固密于外，阴气才能内守，如果阳气过于亢盛，不能固密，阴气就要亏耗而衰竭；阴气和平，阳气周密，精神才旺盛；如阴阳离绝而不相交，那么精气也就随之耗竭。

"阴平阳秘"作为人的健康状态，体现在生命活动的不同方面和不同层次上，如酸碱平衡、血糖平衡、代谢平衡等。此外，"阴平阳秘"还体现在人体活动的一种有序稳态上，这类似于现代科学所指的"内稳态"，如果身体达到这种稳态的话那就是健康的状态。

中医"正气为本"的养生观，是指人体的机能活动和对外界环境的适应能力、抗病能力及康复能力。中医认为疾病发生和早衰的根本原因就在于机体正气虚衰。正气充足则人体阴阳协调、气血充盈、脏腑功能正常，能抵抗外邪，免于生病。正气不足则邪气容易损害人体，机体功能失调，产生疾病。

养生太极拳

中医"合理膳食"的养生观源于《黄帝内经》，书中提出"谷肉果菜，食养尽之"的理论，基于此，它特别强调天人相应、调补阴阳和审因用膳的观点。

天人相应是指人体饮食应

文化主体

天人合一的思想内涵

与自己所处的自然环境相适应。例如，生活在潮湿环境中的人群适量地多吃一些辛辣食物，对驱除寒湿有益；而辛辣食物并不适于生活在干燥环境中的人群，所以说各地区的饮食习惯常与其所处的地理环境有关。

调补阴阳，是指通过合理饮食的方法来调节人体阴阳的平衡。例如，甲鱼、龟肉、银耳、燕窝具有养阴生津、滋阴润燥的功效，食之可补阴虚；羊肉、狗肉、鹿肉、虾仁具有温肾壮阳、益精填髓的功效，食之可补阳虚。这些就是饮食调补阴阳的体现。

■ 养生太极拳

审因用膳，是指根据个人机体情况来合理地调配膳食。在保证全面营养的前提下，应根据每个人的不同情况适当地调配饮食结构。如阴虚者多进食补阴的食品；阳虚者多进食补阳的食品；气虚者多进食补气的食品；血虚者多进食补血的食品；体质偏于实症者多进食一些有清泻作用的食品。

《黄帝内经》中确立的中医养生观，可以解答人的身体平时发生的许多状况，具有一定的指导意义。比如对于年纪大了的人睡不着觉，而年纪轻的人却睡不醒，《黄帝内经》说：人的睡觉和觉醒，安静和运动，都是跟着日月星辰运作的，和日升日落，潮涨潮退一样，都是非常自然的事情。年纪轻的人，他的气

内稳态 是指人体在身体内部能保持一定的动态平衡，即不管外部环境如何变化。一个生物体的体内环境总保持稳定，保持平衡状态的倾向，如人体的体温、血压、血液内的酸碱度、血糖浓度等均为"内稳态"所调控。

血循行的管道都是新的，所以气血来来去去非常流利顺畅，应该睡的时候就会睡着，应该醒的时候就会醒来了。而年纪大了的人，他的那个管道坏了，经常这里那里堵塞，就不能跟上日月星辰的节奏了，所以应该睡的时候他睡不着，应该醒的时候他又在太阳底下，都是气血经脉惹的祸。

再如对于喝了很多热水后有些人从头上出汗，有些人从背上出汗，《黄帝内经》说：人的气血可以分成"营气"和"卫气"两类，营气规规矩矩地在经脉里运行，善于营养身体五脏六腑四肢百骸；卫气是身体的卫兵，体表哪里出了事，它总是第一时间赶到，所以也没有一个明确的运行路径。人喝了热水后，着了风，毛孔就张开了，哪里的毛孔开了，卫气就带着汗液跑出来了，所以不一样的人，出汗的部位也不一样。当然，除此之外还有其他方面的关于身体状况的很多解答和建议。

由此可见，《黄帝内经》不愧是在"天人合一"思想指导下的一部养生宝典。

阅读链接

黄帝小时口才伶俐，聪慧机智，长大后见闻广博，能明辨是非，大家都很尊敬他，推举他为部落联盟领袖。

有一年的夏天，黄帝带人到野外打猎，中午天气突变，一阵狂风过后，紧接着天空电闪雷鸣。突然一个炸雷响过，不远处的一片森林起了大火，野兽很少逃脱。大火过后，人们发现在残灰中躺着两只野羊，一头野猪，散发出被火烧焦的肉腥味。由于饥饿，黄帝就撕下一块放进嘴里一吃，觉得比生肉味道好。于是，黄帝赶忙让大家也来尝尝。由于黄帝部落的先民们吃上熟食肉，身体充分吸收营养，因此疾病就大大减少了。对后世食疗养生影响深远。

中华精神家园

信仰之光

文化主体

天人合一的思想内涵

（上） 肖东发 主编　杨国霞 编著

中国出版集团

现代出版社

图书在版编目（ＣＩＰ）数据

文化主体 / 杨国霞编著. -- 北京：现代出版社，
2014.11
　（中华精神家园书系）
　ISBN 978-7-5143-3058-8

Ⅰ．①文… Ⅱ．①杨… Ⅲ.①文化史－中国 Ⅳ.
①K203

中国版本图书馆CIP数据核字(2014)第244295号

文化主体：天人合一的思想内涵

主　　编：肖东发
作　　者：杨国霞
责任编辑：王敬一
出版发行：现代出版社
通讯地址：北京市定安门外安华里504号
邮政编码：100011
电　　话：010-64267325 64245264（传真）
网　　址：www.1980xd.com
电子邮箱：xiandai@cnpitc.com.cn
印　　刷：北京兴星伟业印刷有限公司
开　　本：710mm×1000mm　1/16
印　　张：11
版　　次：2015年5月第1版第2次印刷
书　　号：ISBN 978-7-5143-3058-8
定　　价：40.00元（上、下）

党的十八大报告指出："文化是民族的血脉，是人民的精神家园。全面建成小康社会，实现中华民族伟大复兴，必须推动社会主义文化大发展大繁荣，兴起社会主义文化建设新高潮，提高国家文化软实力，发挥文化引领风尚、教育人民、服务社会、推动发展的作用。"

我国经过改革开放的历程，推进了民族振兴、国家富强、人民幸福的中国梦，推进了伟大复兴的历史进程。文化是立国之根，实现中国梦也是我国文化实现伟大复兴的过程，并最终体现在文化的发展繁荣。习近平指出，博大精深的中国优秀传统文化是我们在世界文化激荡中站稳脚跟的根基。中华文化源远流长，积淀着中华民族最深层的精神追求，代表着中华民族独特的精神标识，为中华民族生生不息、发展壮大提供了丰厚滋养。我们要认识中华文化的独特创造、价值理念、鲜明特色，增强文化自信和价值自信。

如今，我们正处在改革开放攻坚和经济发展的转型时期，面对世界各国形形色色的文化现象，面对各种眼花缭乱的现代传媒，我们要坚持文化自信，古为今用、洋为中用、推陈出新，有鉴别地加以对待，有扬弃地予以继承，传承和升华中华优秀传统文化，发展中国特色社会主义文化，增强国家文化软实力。

浩浩历史长河，熊熊文明薪火，中华文化源远流长，滚滚黄河、滔滔长江，是最直接源头，这两大文化浪涛经过千百年冲刷洗礼和不断交流、融合以及沉淀，最终形成了求同存异、兼收并蓄的辉煌灿烂的中华文明，也是世界上唯一绵延不绝而从没中断的古老文化，并始终充满了生机与活力。

中华文化曾是东方文化摇篮，也是推动世界文明不断前行的动力之一。早在500年前，中华文化的四大发明催生了欧洲文艺复兴运动和地理大发现。中国四大发明先后传到西方，对于促进西方工业社会发展和形成，曾起到了重要作用。

中华文化的力量，已经深深熔铸到我们的生命力、创造力和凝聚力中，是我们民族的基因。中华民族的精神，也已深深植根于绵延数千年的优秀文化传统之中，是我们的精神家园。

总之，中国文化博大精深，是中华各族人民五千年来创造、传承下来的物质文明和精神文明的总和，其内容包罗万象，浩若星汉，具有很强文化纵深，蕴含丰富宝藏。我们要实现中华文化伟大复兴，首先要站在传统文化前沿，薪火相传，一脉相承，弘扬和发展五千年来优秀的、光明的、先进的、科学的、文明的和自豪的文化现象，融合古今中外一切文化精华，构建具有中国特色的现代民族文化，向世界和未来展示中华民族的文化力量、文化价值、文化形态与文化风采。

为此，在有关专家指导下，我们收集整理了大量古今资料和最新研究成果，特别编撰了本套大型书系。主要包括独具特色的语言文字、浩如烟海的文化典籍、名扬世界的科技工艺、异彩纷呈的文学艺术、充满智慧的中国哲学、完备而深刻的伦理道德、古风古韵的建筑遗存、深具内涵的自然名胜、悠久传承的历史文明，还有各具特色又相互交融的地域文化和民族文化等，充分显示了中华民族厚重文化底蕴和强大民族凝聚力，具有极强系统性、广博性和规模性。

本套书系的特点是全景展现，纵横捭阖，内容采取讲故事的方式进行叙述，语言通俗，明白晓畅，图文并茂，形象直观，古风古韵，格调高雅，具有很强的可读性、欣赏性、知识性和延伸性，能够让广大读者全面触摸和感受中国文化的丰富内涵，增强中华儿女民族自尊心和文化自豪感，并能很好继承和弘扬中国文化，创造未来中国特色的先进民族文化。

2014年4月18日

思想源流——天人之理

古建文明——和谐宜居

科技之魂——法天而行

养生精要——天人相应

天人之理

　　"天人合一"是我国古代的一种政治哲学思想，其基本思想是人类的政治、伦理等社会现象，是自然的直接反映。我国最早的神话传说如"盘古开天辟地"、"女娲造人补天"等，皆蕴含着"天人合一"的远古人类文明。

　　"天人合一"最早起源于夏商周时期，后经历代思想家如老子、孔子、庄子、董仲舒、张载等人的理论阐释和实践发展，最终形成了"天人合一"哲学思想体系，成为历代王朝施政时的重要思想源泉，并由此构建了中华传统文化的主体。

盘古开天辟地创造世界

传说太古时代，天地不分，整个宇宙是一个中间有核的浑圆体，就像一个大鸡蛋，里面混沌一团，漆黑一片，既分不清上下左右，也辨不出东西南北。这个"鸡蛋"中孕育着一个伟大的英雄，他就是开天辟地创造人类世界的始祖盘古。

盘古画像

盘古，又称盘古氏，混沌氏。盘古在"鸡蛋"中足足孕育了一万八千年，终于从沉睡中醒来了。在有了知觉的那一刻，他便迫不及待地睁开了眼睛。可是周围一片黑暗，他什么都看不见，只觉得黑糊糊的一片，浑身酷热难当，简直透不过气来。他想站起来，但"鸡蛋"壳紧紧地包着他的身体，连舒展一下手脚也办不到。

急切间，盘古拔下自己的一颗牙

齿，把它变成威力巨大的神斧，抡起来用力向周围劈砍。

只听得"轰"地一声巨响，震耳欲聋，大"鸡蛋"骤然破裂，其中轻而清的东西向上不断飘升，变成了天，另一些重而浊的东西，渐渐下沉，变成了大地。盘古就这样顶天立地地诞生于天地之间。

■ 剪纸盘古开地辟地

盘古在天地间不断长大，他的头在天为神，他的脚在地为圣。天每日升高一丈，地每日增厚一丈，盘古每日生长一丈。如此一日九变，又经过了一万八千年，天变得极高，地变得极厚，盘古的身体也变得极长。盘古就这样与天地共存了一百八十万年。

就这样不知道又经历了多少万年，终于天稳地固，不会重新复合了，这时盘古才放下心来。盘古想用自己的身体创造出一个充满生机的世界，于是他微笑着倒了下去，把自己的身体奉献给大地。

盘古倒下时，他的头化作了东岳泰山，他的脚化作了西岳华山，他的左臂化作了南岳衡山，他的右臂化作了北岳恒山，他的腹部化作了中岳嵩山。这五座山就是著名的"五岳"，是我国五大名山。

盘古在倒下去的刹那间，将自己的两眼献给了天空，左眼变成了太阳，给大地带来光明和希望，右眼变成了月亮，把太阳的光辉反射到大地；将两眼中的

太古时代 也称太古时候、太古时期，是传说中的人类祖先盘古开天地的时代。地质学上的太古代是最古的地质时代，一般指距今46亿年前地球形成到25亿年前原核生物普遍出现这段地质时期，是地质发展史中最古老的时期，当时形成的地层叫"太古界"。

液体撒向天空，变成夜里的万点繁星，让天空变得异常美妙；将汗珠变成了湖泊，成为地面的内陆盆地中的水体，把大地装点得万般美丽；将血液变成了奔腾的江河，成为后来华夏大地的两条重要河流长江和黄河；将毛发变成了草原和森林，让大地变得生机勃勃；将呼出的气体变成了清风和云雾，清风带着云雾播洒雨露，滋润大地上的万物；将声音变成了雷鸣，电闪雷鸣后的雨露更能滋润春苗。

■ 盘古开天辟地雕刻

盘古以超人的神奇力量，为人类开辟天地，并带来光明。从此以后，人世间有了阳光雨露，大地上有了江河湖海，万物滋生，人类开始繁衍。随着天地的演变，高山的地方草木葱茏，低矮的地方沃野千里，尤其是大江、大河、大平原之处更是气候宜人，物产丰美。

盘古开天神话在我国南方少数民族民间也广泛流传。苗族、瑶族向来崇奉盘古，有的称为"盘瓠"，把他看作自己的祖先。壮族、侗族、仫佬族等民族也盛传盘古，把盘古看作开天辟地的人类始祖。其中壮族先民建有追葬盘古氏之魂的"墓地"，还立有盘古的庙宇。

有关盘古开天的记载，最早见于三国时吴国太常

太常卿 太常是掌建邦之天地、神祇、人鬼之礼，吉凶宾军嘉礼以及玉帛钟鼓等文物的官员，地位十分崇高，兼管文化教育、陵县行政，也统辖博士和太学。如唐虞的秩宗、西周的宗伯、秦代的奉常等。三国时期吴国设太常卿一名，掌天子祭祀、礼仪，也是博士考试考官。

卿徐整所著的《三五历纪》，其中写道：

> 天地浑沌如鸡子，盘古生其中。万八千岁，天地开辟，阳清为天，阴浊为地。盘古在其中，一日九变，神于天，圣于地。天日高一丈，地日厚一丈，盘古日长一丈。如此万八千岁，天数极高，地数极深，盘古极长。后乃有三皇。

意思是说，世界开辟以前，天和地混沌成一团，像个鸡蛋一样，盘古就生在这当中。过了一万八千年，天地分开了，轻而清的阳气上升为天，重而浊的阴气下沉为地。盘古在天地中间，一天中有多次变化，智慧比天还要高超，能力比地还要强大。天每日升高一丈，地每日增厚一丈，盘古也每日长大一丈。这样又过了一万八千年，天升得非常高，地沉得非常深，盘古也长得非常高大。天地开辟了以后，才出现了世间的三皇。

除了《三五历纪》中的记载外，南朝梁代文学家任昉的《述异记》、唐代书法家欧阳询的《艺文类聚》、明代学者董斯张的《广博物志》、清代历史学家马骕的《绎史》等古籍中也有类似的记载。

这些关于盘古的古籍记载，至

■ 盘古开天辟地雕塑

■ 盘古开天辟地塑像

少说明了一个问题：当人们的思想意识逐步发展起来之后，首先要解决的是关于自身的问题，即"人从哪里来？"然后去寻求解决"我们所生存的环境，这个世界是从哪里来"的问题。

神话时代的故事和古籍记载表明，盘古是古人心目中最伟大的神。盘古的形象体现了古人宇宙观的初始形态：盘古"出生"的时间就是宇宙的历史起源，"盘古"就是这个宇宙主体的名字，人类及其他所有的星球，都是盘古体内的一部分。

盘古开天辟地，是古人对人类始祖的神化，体现出中华民族向往光明，为造福人类社会无私奉献的伟大精神；更为重要的是，这个神话也反映了我国古人的宇宙观，奠定了我国后世哲学"天人合一"思想的核心。

在我国思想史上，"天人合一"的信念是宋代思想家张载提出的。其基本表述是：天与人是世间万物矛盾中最核心最本质的一对矛盾，天代表物质环境，人代表思想主体，合是矛盾间相生相依并合理转化。

盘古开天辟地神话蕴含着"天人合一"的宇宙观。首先，"天人合一"强调以人为本。宇宙自然是大天地，人则是一个小天地，天人相应，或天人相通。也就是说，人体小宇宙，宇宙大人体，天地为人所生，也为人所存在。这种以人为重点的天人之学，可以称为人文哲学。盘古原是天地的组成部分，后来化为天地之间的山川万物；而天地间万物运行的"阴阳法则"所强调的，恰恰就是上为天，下为地，天地原为一体，天地就是按照人的需要来造的。

其次，"天人合一"信念认为，天是赋予人以吉凶祸福的存在，人与自然是密切相关的。人和自然在本质上是相通的，故一切人事均应顺乎自然规律，达到人与自然的和谐。

盘古的身体化为天地及万物，但万物之间的联系仍然是不可停止的。天上有日月星辰，地上有山川草木，中间是风雨雷电，万物载之于地而依天时变化生长。体现了人与自然的依存关系。

总之，盘古开天辟地神话故事是古人的智慧结晶，说明了世间一切事物的因果关系。同时，由这个神话中"垂死化身"母题所延伸而成的"天人合一"的宇宙观，具有极古老的原始性和极大的普遍性，影响了我国全部历史文明，为后世哲学提供了丰富的基础性材料。

阅读链接

相传盘古开天之后，把自己的身体变成天地万物。过了不知道多少年，在今河南新郑一带出现了华夏族，其中有一个部落首领叫少典。有一天，少典经过颍水时，不小心溅到了河水，这河水其实是盘古的血液化成的。刹那间，天空长虹贯日，气象万千，祥瑞祥和。少典见天现祥瑞，决定将自己的部落建成有熊国，他就是第一任有熊国的国君。

经过了若干年后，少典就有了孩子，这个孩子就是轩辕黄帝。后来，轩辕黄帝与华夏族的神农氏部落首领炎帝结盟，热心为百姓办事，深受人们爱戴。他们是中华民族的杰出代表，成为中华民族的共同祖先。

女娲抟土造人炼石补天

据民间神话故事，开天辟地的大英雄盘古去世后，天地间只有"创世女神"女娲一个人孤零零地生活，因此她感到非常寂寞孤独。

有一天，女娲经过黄河的河畔，想起盘古开天辟地，创造了山川湖海、飞禽走兽，改变原本寂静的世界。但是，女娲总觉得这世界还是缺了点什么，但又一时想不起是些什么。

女娲造人绘画

女娲苦思冥想，当她看到黄河河水里自己的倒影时，顿时恍然大悟：原来世界上还缺少了像自己这样的"人"。于是，女娲决定仿照自己的样子，用泥巴捏人，希望这个人能成为和自己一样的有生命力的人。

泥人捏好后，女娲往泥人身

上吹了一口灵气，泥人顿时变成了活人。女娲高兴得手舞足蹈，领着自己捏的第一个黄土人玩耍。

后来，女娲不分白天昼夜地到各地捏泥人，黑泥巴捏黑人，白泥巴捏白人，忙忙碌碌的捏人工作，让女娲很是劳累。女娲便拿了根绳子把它投入泥浆中，举起绳子一甩，泥浆洒落在地上，转眼间变成了无数个人。

女娲用黄泥造人，日月星辰各司其职，人民安居乐业，四海歌舞升平。

其实，在我国远古神话中，盘古是最主要的创世神。盘古在开辟天地之后无私奉献，将身体发肤化生万物，当然也包括人类。但是，关于人类的来源，流传更广的是女娲抟黄土造人的神话。

女娲，又称娲皇、女阴娘娘，史记女娲氏。最早记载女娲之名的古籍是《山海经·大荒西经》：

有神十人，名曰女娲之肠，化为神，处栗广之野。

意思是说，有10位神人，名唤"女娲肠"，皆为女娲之肠所变成之神，到了西方的大荒去了，守护在"栗广之原野"这个地方。

■ 女娲塑像

《山海经》 我国先秦重要古籍，传世版本共计18卷，包括《山经》5卷，《海经》13卷。内容包括山川、矿物、民族、物产、药物等，并保存了包括"夸父逐日"、"女娲补天"等远古神话传说和寓言故事。具有非凡的文献价值，对我国古代历史、地理、文化、民俗、神话等的研究，均有参考意义。

　　古籍中最早确切提出女娲造人故事的是东汉学者应劭的《风俗通义》：

　　　　俗说天地开辟，未有人民，女娲抟黄土作人。剧务力不暇供，乃引绳于泥中，举以为人。

　　意思是说，民间传说，天地开辟之初，大地上并没有人类，是女娲抟捏黄土造了人。她又忙又累，竭尽全力干还赶不上供应。于是她就拿了绳子把它投入泥浆中，举起绳子一甩，泥浆洒落在地上，就变成了一个个人。

　　民间俗说中的女娲抟黄土造人，已经将女娲情感化，称女娲感到"孤独"才造人陪伴自己，并未给其添加什么神圣的意义，人只是自然的一个组成部分，并不凌驾于自然之上。这一主题，与后来的"天人合一"哲学思想是相契合的。

　　同时，女娲用泥土造人，也是农耕时代人们对人类与土地关系的直观表达。它最浪漫和最有意义的地方是，女娲"抟黄土"造人。女娲用"黄土"孕育了汉族，既浪漫而生动地揭示了女始祖孕育汉族的社会发展踪迹，又科学而经典地反映了汉族与滋养他们和农耕文化的黄土地，有着与生俱来、不可分离关系的历史根基。这同样与"天人合一"思想相契合。

女娲还有另一伟大壮举，这就是"炼石补天"。根据《史记·补三皇本纪》记载，水神共工造反，与火神祝融交战。共工被祝融打败了，气得用头去撞西方的世界支柱不周山，导致天塌陷，天河之水注入人间。女娲不忍人类受灾，于是炼出五色石补好天空，折神鳖之足撑四极，平洪水杀猛兽，从此天地得以永固，人类得以安居。

关于女娲"炼石补天"，西汉淮南王刘安等人编著的道家著作《淮南子·览冥篇》中记载说：

《淮南子》 又名《淮南鸿烈》、《刘安子》，西汉淮南王刘安及其门客集体编写的作品。其中最为著名的篇章有《鲧禹治水》、《共工怒触不周山》、《塞翁失马》等。原书内篇21卷，外篇33卷，至今存世的只有内篇。这部书的思想内容属于道家，同时夹杂先秦各家的学说，故《汉书·艺文志》将之列为杂家类。

■ 女娲造人石刻

女娲补天石刻

往古之时，四极废，九州裂，天不兼覆，地不周载，火炎而不灭，水浩洋而不息，猛兽食颛民，鸷鸟攫老弱。于是女娲炼五色石以补苍天，斩鳌足以立四极，杀黑龙以济冀州，积芦灰以止淫水。苍天补，四极正；淫水涸，冀州平；狡虫死，颛民生。

意思是说，远古之时，支撑天地四方的四根柱子坍塌了，大地开裂，天不能普遍覆盖万物，地不能全面地容载万物，火势蔓延而不能熄灭，水势浩大而不能停止，凶猛的野兽吃掉善良的百姓，凶猛的禽鸟用爪子抓取老人和小孩。于是，女娲冶炼五色石来修补苍天，砍断海中巨龟的脚来做撑起四方的柱子，杀死黑龙来拯救华夏，用芦苇灰来堵塞洪水。天空被修补了，天地四方的柱子重新竖立了起来；洪水退去，中国的大地上恢复了平静；凶猛的鸟兽都死了，善良的百姓存活下来。

女娲炼石补天是一项艰苦的工作，不是吹口仙气就把天补上了，而是先要"炼"石，这是需要一个过程的。同时，在完成补天的工作之后，她还"斩鳌足以立四极，杀黑龙以济冀州，积芦灰以止淫水"，这些工作，没有一项是可以轻轻松松就能完成的。

虽然女娲补的天不一定就是共工氏所破坏的，但她补的天一定是出了问题的。她炼五色石补苍天，断鳌足以立天之四极，积芦灰以止洪水，是人类改变环境最早的想象。其实，"女娲补天"的神话背后，传递出诸多的远古信息和智慧启迪。女娲为何不是"改天"而是"补天"？这便是"顺天应道"。

古人认为，天道不可违，人只能主动认识、发现和利用天道，趋利避害，谋求与大自然和谐共处。后世哲学所强调的"天人合一"，贵在一个"和"字。失和则失道，失道则后患不远。女娲炼石补天，贵在"人"与"天"合，顺应了自然之道。

随着农业文明的进步，农业自然经济在古代社会得以长足发展。人们为了祈求风调雨顺，便崇尚自然，祭拜自然，追求人与自然关系的和谐。在这个过程中，"天人合一"思想便自然而然地贯彻其中。

由于"盘古开天辟地"、"女娲造人补天"等神话传说所蕴含的"天人合一"思想的发展，人与环境之间的日益紧密联系与频繁沟通，更增加了我国古代文化的丰富内涵。这种思想在后来得到了进一步发展，为中华民族不断壮大打下了深厚的思想基础。

阅读链接

相传女娲在补天之后，再次开始用泥造人，每造一人，取一粒沙作计，终而成一硕石，女娲将其立于西天灵河畔。此石因其始于天地初开，受日月精华，灵性渐通。不知过了几载春秋，只听天际一声巨响，一石直插云霄，大有吞噬天、地、人三界之势。

女娲急施法将石封住，心想自造人后，独缺姻缘轮回神位，便封它为三生石，赐它法力三生决，将其三段命名为前世、今生、来世，并在其身添上一笔姻缘线，从今生一直延续到来世。为了约束其邪性，女娲思虑再三，最终将其放于鬼门关忘川河边，掌管三世姻缘轮回。自此石立后，跪求姻缘轮回者便络绎不绝。

历代追求的天人合一观

那我国传说时代之初，人们在"神人以和"的愿望支配下，在大地上造出很多可以登天的天梯，人们可以通过天梯，自由自在地往来于天地之间。比如昆仑山、日月山等，其中昆仑山最为著名。

昆仑山天梯为传说时代的第一位帝王黄帝所造。攀登昆仑山，爬到山腰，可以长生不死；攀到山顶，就可以得道；再往上攀，到了极顶，便可以当神仙了。

颛顼彩像

有了高山等众多天梯，人神交往很自由，对天帝管理人间很有好处。但是，天神也分善神和恶神，有的恶神偷偷跑到人间来干坏事，挑动人间争斗，甚至发动战争，扰乱了人间的社会秩序。

黄帝的孙子颛顼对这种人神之

三祖堂黄帝壁画

间界限不清，相互掺杂的混乱局面大为光火，他继承帝位后，便决定彻底整顿天庭和人间的秩序。

治理整顿第一件要做的事情是必须断绝天地之间的通道。颛顼首先派朝中5位最大的官员负责把所有能上下天庭的高山平掉，把大树砍倒，没了上下的天梯，凡人是绝对上不了天庭的。

颛顼还命令自己的孙子"重"两手托天，奋力上举；又令另一个孙子"黎"两手按地，尽力下压。于是，天地之间的距离越来越大，以至于除了昆仑天梯，天地间的通道都被隔断。

接着，他又命"重"和"黎"分别掌管天上众神事务及地上神和人的事务。此后，天地间神人不经"重"、"黎"许可便不能够随便上天下地了。

颛顼还找了一个叫"噎"的大力神，把守着日月山的天门，监督日月星辰按秩序回山。这样一来，神人不杂了，阴阳有序了，颛顼也满意了，他觉得自己把国家治理得和谐稳定了。

颛顼的"绝地天通"之举，是我国传说时代故事中天帝与人帝的

商汤铜像

分界岭。"绝地天通"之前，地上的帝王因为兼管天庭和地上的万物，所以称为"天帝"；"绝地天通"之后，地上的帝王其权力只能管理人间，而没有权力管理天庭的事务了，所以称为"人帝"。自"绝地天通"以后，与"天"相通的权力成了地上王权的象征，"天人合一"就从此前的"神人以和"转变为"天王合一"。

我国古人探究"天"与"人"的关系的努力自黄帝开始延续，贯穿于中华民族历史发展全过程。在黄帝、颛顼之后，随着地上王权观念的发展，"天"与"人"的关系更为密切，并逐渐发生了质的变化。

从信史时代的夏代开始，人们有了"夏王朝的存在是因为受命于天"的思想。夏代末年，夏桀残暴昏聩，民不聊生，于是商人部落首领成汤开始伐夏桀。成汤在伐夏桀前，在其所作的《汤誓》中这样写道：

格尔众庶，悉听朕言，非台小子敢行称乱，有夏多罪，天命殛之。

意思是说，告诉天下百姓，你们仔细听着，不是我这个人敢随便造反作乱，而是夏桀这人罪恶滔天，因此上天命令我来灭掉他。

信史时代 是指有文字或出土文物记载着当时社会的情况的时代。我国信史时代起于二里头夏文化遗址，夏文化持续时间大约在公元前21世纪至公元前16世纪，后来被商王朝取而代之。二里头遗址是中华文明的起源。而商都殷墟甲骨文遗存，显示我国的历史真正进入了信史时代。

成汤就是在这个天命的号召下，率领军队灭掉夏桀，最后建立起商政权。

商代人传说，帝喾的次妃简狄是有娀氏的女儿，与别人外出洗澡时看到一枚鸟蛋，简狄吞下去后，怀孕生下了契，契就是商人的始祖。因此商代人有"天命玄鸟，降而生商"的思想。

"天命"，即上天之意旨，由天主宰的命运。由于当时的人们知识贫乏，所以把一切都归为天命，再加上契是天命所生，所以其臣民自当臣服，岂敢逆天。连商王朝末代帝王纣王被周武王姬发打败自焚时都曾说过"呜呼！我生不有命在天？是何能为"这样的话，意思是说，老天啊！我的生命，不是上天赐予我的吗？为什么又要亡我呢？

西周王朝建立以后，由于受到"敬天保民"天命思想的支配，周武王于公元前1184年的一天询问大臣箕子："箕子，上天庇荫安定下民，使他们和睦相处，但我还不知道治国的方法。"

箕子回答说："我听说从前鲧堵塞洪水，胡乱处理了水、火、木、金、土5种用物，致使上天震怒，不赐给鲧9种大法，治国的常理因此败坏了。后来，鲧被流放，禹继位兴起。上天就把9种大法赐给了禹，治国的方法因此定了下来。"

玄鸟 《山海经》中描述的玄鸟为四翅鸟类，羽毛呈淡黄色，喜食鹰肉，性暴戾，居于平顶山。《诗经·商颂·玄鸟》中说"天命玄鸟，降而生商"。玄鸟的初始形象类似燕子，后来随氏族部落的不断发展和融合，玄鸟就逐渐演变成了有鸡冠、鹤足和孔雀尾巴的凤凰了。

■颛顼雕塑

■ 周武王画像

箕子所说的9种大法,一是正确处理水、火、木、金、土这"五行",二是认真做事,三是努力施行政务,四是合理使用记时方法,五是凡事坚守大中至正之道,六是使用品德高尚的人,七是以占卜的方式进行考疑,八是注意各种征兆并做到未雨绸缪,九是凭"五福"鼓励臣民与凭"六极"警戒臣民。

箕子希望周武王能够用上天的9种大法来治国,这表明当时的人们对"天"与"人"之间某种相通关系的进一步肯定。

西周时期的天人关系即神人关系,一开始就体现出了"天人"关系的和谐统一,以至于成为我国传统哲学的一个重要命题和我国文化的基本特征之一。

到了西周末年,"天"的权威有了改变,在《诗经》中出现了很多疑天、怨天的诗篇,如"民今方殆,视天梦梦"、"浩浩昊天,不骏其德。降丧饥馑,斩伐四国。昊天疾威,弗虑弗图"。这时的"天",其意涵有主宰的天、运命的天、意志的天。

到了春秋时期,人们对"天"的认识加深了,对"天"的敬畏感和神秘感也就减弱了。如鲁国思想家孔子说自己"五十而知天命",又说"不怨天,不尤人";郑国政治家子产则说"天道远,人道迩"。

战国时期,楚国诗人屈原的诗作《天问》,一口气提出了100多个同题，表现了人的探索精神。此外，还有战国末期赵国思想家荀子的《天论》，荀子提出了"明于天人之分"的思想，鼓励人要用天、制天，天除了自然义还有物质义的内涵。而前期道家老子和庄子的"天"超出天命的范畴，直向自然义的天即"道"，认为道生化天地万物，主张人要依循天道，顺其自然运化。

到了秦汉时期，"天"渐渐与"人"接近，甚至在自然科学进步的条件下，汉代的人们凡立论都喜欢举到"天"的层次，将天道观贯穿于人道。

秦代丞相吕不韦的《吕氏春秋》、西汉淮南王刘安及其门客集体编写的《淮南子》，都曾经以气、阴阳来探讨"天"，出现了气化宇宙论。西汉儒家董仲舒的《天人三策》和《春秋繁露》也以气、阴阳探讨"天"，提出"天人感应说"。东汉哲学家王充还有"天即自然之气说"。

汉代关于"天"的立论比较著名者，当属西汉史学家董仲舒和西汉史学家司马迁。董仲舒从自己的角度论证了"天"，司马迁从自己的角度论证了"天道"。

董仲舒着力阐发了《公羊传》中大一统的思想，又吸收了墨、法、阴阳等家学说，对《公羊传》进行了神秘主义改造，形成了有自

六极 《尚书·洪范》中的六极，一日凶、短、折，二日疾，三日忧，四日贫，五日恶，六日弱。古人认为，六极都是凶兆，因此应该力避之。此外，在中医"五劳六极七伤"中，六极指疲劳引起的6种较为严重的机体病理变化，包括筋极、脉极、肉极、气极、骨极、精极。

■ 箕子画像

箕子

己特色的理论体系，即天人合一政治论。

董仲舒的天人合一论树立了天的无上权威，认为天的意志决定人类社会命运。他在论证天人合一、君权神授的同时，也指出了天的权威是高于君主的，君主居于万人之上，但也要尊天敬天，受天约束。

董仲舒认为天的运行有其内在的规律，体现为阴阳分合运行。阴阳两方虽然共存，但二者的关系实际上是一种主从关系。天道是这样，所有其他阴阳关系也是这样，都是阳的一方支配阴的一方。体现在社会政治关系上，就是君、父、夫分别支配、决定着臣、子、妻。

君臣、父子、夫妻是汉初社会诸种关系中最基本、最重要的关系。这3种关系的内在法则是"君为臣纲，父为子纲，夫为妻纲"，也就是所谓的"三纲"。"三纲"根源于天，因而是神圣不可侵犯的。执政者只要处理好这3种基本关系，就能有效控制整个社会。这种阴阳合分论，为汉初君主政治提供了精巧的合法性论证。

董仲舒的天人合一政治论，由天人关系、天道运行规律论证了君权至上和等级原则，主张以天制约君主，将原则性与灵活性统一起来，从而提高执政阶级的政治适应能力，这是儒家学说成熟的表现。

司马迁对"天道"是有怀疑的。《道德经》第十七章中有一句话说"天道无亲，常与善人"，意思是自然法则不分亲疏，总是把善果报应善人。司马迁在《史记·伯夷叔齐列传第

■ 董仲舒 （前179年～前104年），汉代思想家、哲学家、政治家、教育家。他在《举贤良对策》中系统地提出了"天人感应"、"大一统"学说和"罢黜百家，表彰六经"的主张。他的儒家思想维护了汉武帝的集权政治，为当时社会政治和经济的稳定做出了一定的贡献。

一》中反驳了这句话，写道：

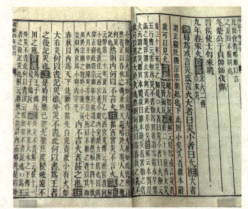

> 若伯夷、叔齐，可谓善人者非邪？积仁洁行，如此而饿死。且七十子之徒，仲尼独荐颜渊为好学。然回也屡空，糟糠不厌，而卒蚤夭。天之报施善人，其何如哉？盗跖日杀不辜，肝人之肉，暴戾恣睢，聚党数千人，横行天下，竟以寿终，是遵何德哉？

■《公羊传》书影

意思是说，像周代的伯夷、叔齐，是善人，最终落到饿死的下场；颜回是孔子徒弟里最优秀的人，好学简朴，也是善人，但是很早就死了；上天究竟是怎么报答善人的？而像大盗柳下跖每天都杀无辜的人，吃人肉，横行天下，暴行累累，最后竟然获得老死善终的结果。究竟是遵循哪家的天道之德？

司马迁对天道如此激愤、怀疑，是他自己的不幸遭遇使然。由于他为出击匈奴落败的西汉名将李陵说了几句公道话，竟受腐刑，蒙莫大耻辱。这种遭遇加深了他对天道的怀疑。

司马迁明确指出，他之所以写作《史记》，是想"究天人之际"，即研究自然现象和人类社会的关系，反映出他作为一个历史学家"通古今之变"的眼光和"成一家之言"的志向。

《史记》是由司马迁撰写的我国第一部纪传体通史，是二十五史的第一部。记载了上自上古传说中的黄帝时代，下至汉武帝太初四年共3000多年的历史。《史记》最初没有书名，或称"太史公书"、"太史公传"，也省称"太史公"。

"究"和"通"，是司马迁史学思想中两盏高照的明灯。他"通"得更透，"究"得稍逊，在他那个时代已属不易，高出于人。

隋唐时期，实行儒、释、道三教并行政策，佛教盛行，道教也得到极大发展，此时思想出现儒释道合流的趋势，颜之推、王通、孔颖达主张"三教可一"。

初唐大儒孔颖达认为，从"道"到"形"需要一个中介，这就是"气"。"阴阳之气"有规律的变化，才引起从"道"到"形"的转化，他肯定"道"的地位，又强调"气"的作用。

中唐儒学有佛学化趋势，例如：著名的文学家韩愈一方面排佛，一方面又吸收佛教祖统说思想，提出"道统"论，借以强调儒学是华夏正统思想。此外韩愈的"治心"论和佛、道宗教哲学是一致的，所不同的是"治心"之外还主张"治世"。韩愈用三教共同使用的范畴"道"充实了中唐儒学的内容。

在唐代，儒学思想出现一种承先启后、推陈出新的过渡趋势，并对董仲舒的"天人感应说"之谬误提出强烈的批评。如儒学家柳宗元

认为受命不在天而在人，真正美好的是一个人自身的仁德，而非天降吉兆；有"诗豪"之称的刘禹锡认为，天命论的产生是基于对自然客观事物规律性的不理解，因而坚持发展荀子"天人相分"、人定胜天的思想，提出

■ 司马迁（前145年或前135年~前90年），字子长，我国西汉伟大的史学家、文学家、思想家，被后世尊称为史迁、太史公、历史之父。他以其"究天人之际，通古今之变，成一家之言"的史识创作了我国第一部纪传体通史《史记》，被公认为是我国史书的典范。

"万物乘气而生"以及"天与人交相胜，还相用"的命题，使"天人感应说"和谶纬迷信再也不能成为主导思想。

经过魏晋南北朝时期，特别是隋唐的儒、释、道三教相争，到了宋代，有关"天"与"人"的关系发展为占主导地位的哲学倾向，几乎为各派哲学家所接受。这是因为，当时关于世界统一性的问题、主体与客体的关系问题、自然与社会的关系问题，成为哲学家们普遍关心的问题，利用传统的"天"、"人"命题来表述他们对这些问题的看法，是一种最方便的形式。

■ 韩愈画像

北宋时期，哲学流派丛生，新义纷呈。号称北宋"五子"的周敦颐、程颢、程颐、邵雍、张载，他们既是著名的哲学家，又是著名的易学家，他们纷纷汲取道家学说，以补充自己的天道观。

周敦颐在《太极图说》中，给出了"无极"、"太极"、"天道"、"地道"、"人道"、"人极"等命题。在《通书》里，这些命题基本都有注解。他认为人与自然和谐相处，才能天理存，地利顺，人心和。

程颢、程颐站在唯心主义立场，确立一个自然之天作为本原。程颢认为世界统一于理，理是具有道德属性的观念性实体，因而"天"与"人"的关系就建立在这个理的基础上。程颐认为，理就是天，它赋予

谶纬 是我国古代谶书和纬书的合称。谶是秦汉间巫师、方士编造的预示吉凶的隐语，纬是汉代附会儒家经义衍生出来的一类书，被汉光武帝刘秀之后的人称为"内学"，而原本的经典反被称为"外学"。谶纬之学也就是对未来的一种政治预言。

人即为性。因为性禀受于理，他说"性即理也，所谓理，性是也"。

邵雍研究和探讨的是"天人合一"的自然界演变规律。作为一位儒家学者，邵雍注重实现自我超越的形而上的本体境界。

张载建立了"太虚即气"的气化宇宙论，并将其发展为儒家上承孔孟下至北宋的天人之学架构。张载首次明确提出了"天人合一"的命题，他是将这4个字连在一起的第一个人，在我国古代哲学史上具有重要意义，为以后对"天人合一"命题的发展开了先河。

"天人合一"的思想发展到明清之际，明末清初思想家王夫之继承张载的观点，肯定气是"天人合一"的基础，认为"天人之蕴，一气而已"。王夫之认为，人道与天道即道德原则和自然规律，二者是同一的。他在《尚书引义》中说："天与人异形离质，而所继唯道也。"这是说父子虽然不同体，但是儿女应该继承父母的志愿；天与人虽然不同体，但是人要遵循天道行事，这样天人就可以合一了。

从黄帝时期借由天梯登天以求"神人以和"，到北宋哲学家张载提出"天人合一"命题，从绝对的天、绝对的人，到以"气"为媒介，再落到人的心性、生命，我国人已经走了数千年的历程。直至现在，现代人仍从"天人合一"思想中汲取营养，持续不懈地追求。

阅读链接

古人尊昆仑山为"万山之宗"、"龙脉之祖"、"龙山"、"祖龙"，因而编织出了许多美丽动人的神话传说。妇孺皆知的《嫦娥奔月》、《西游记》、《白蛇传》等都与昆仑山有关，是产生中华民族神话传说的摇篮。

相传昆仑山的仙主是西王母。在众多古书中记载的"瑶池"，形成昆仑六月雪奇观，水量大而稳定，为优质矿泉水，传说是西王母用来酿制琼浆玉液的泉水。昆仑山在中华民族文化史上有"万山之祖"的显赫地位，是中国第一神山。

道家的天人合一思想

　　道家学派创始人老子，是我国古代伟大的哲学家和思想家。他曾经拜西周著名学者商容为师，学习3年，学业精进，深得商容欣赏。后来被商容举荐入周，进入太学，凡天文、地理、人伦无所不学，文

老子巡游图

■ 老子李耳像

物、典章、史书无所不习，学业又大有长进。

老子后来被太学里的老师举荐做了守藏室吏。守藏室是周王朝典籍收藏之所，集天下之文，收天下之书，汗牛充栋，无所不有。老子处其中，如蛟龙游入大海，雄鹰展翅蓝天。他如饥似渴地学习，博览泛观，渐臻佳境，终于名闻遐迩，声播海内。

这一天，老子要到西域去开化世人，准备出函谷关。周王朝大夫尹喜当时任函谷关令，他闻报有一位仙风道骨的白发老翁，驾青牛之车欲出关。尹喜出门一看，但见紫气东来，知道是圣贤之人老子来到，便立即赶来迎接，在牛车数丈前跪迎老子入关。

尹喜早就仰慕老子学问，便请老子教授自己。老子见尹喜是个可塑之才，就写下了洋洋洒洒五千言，都是关于道德以及对宇宙、人生、社会等方面的见解，世谓之《道德经》。

尹喜按照老子的教导潜心修行。后来，老子为了经国济世，教化世人，就带着弟子尹喜前往西域各国弘道，云游天下，传讲道家学说。他们西出函谷关，溯渭河西行，进入秦地，又出大散关，翻过陇山进入少数民族地区，以后又回到陇西邑的临洮。

老子讲经传道，劝谕世人真心修炼，他还关心农

太学 是我国古代的大学。"太学"之名始于夏商周时期，大学在夏为东序，在殷为右学，在周有东胶，而周朝又曾设五大学：东为东序，西为瞽宗，南为成均，北为上庠，中为辟雍。到了汉代，在京师设太学，为中央官学、最高学府。

桑，采药炼丹，治病救人。人们皆感激他仁民教民、与世无争、柔慈待人的大德大恩。

据传说，老子后来在临洮岳麓山"白日飞升"，这是指人修炼得道后白日里飞升天界，羽化成仙。据说老子驾凤凰飞升云华之上时，身现金光，洞然十方，五色云良久乃没，这一天江河泛涨，山川震动，有五色光射天，太微遍及四方。

后世的人们在岳麓山老子飞升处修了"飞升台"，又称"凤台"或"超然台"，以示纪念。另外，老子入关时的"紫气东来"也成了我国文化中的一个符号，人们将"紫气"当作吉祥、祥瑞的象征，还把"紫气东来"这几个字写在大门上等等。

作为道家学派的创建者，老子曾经指导孔子，启迪孔子智慧，孔子因而得以集儒门之大成；老子还将"清静无为"及"得道飞升"之道，下传尹喜等人，为后人奠定了修炼文化，使人得知"修道"及"长

炼丹 道教主要道术之一，是近代化学物理前驱。为炼制外丹与内丹的统称。外丹术源于先秦神仙方术，是在丹炉中烧炼矿物以制造"仙丹"。外丹术指道家通过各种秘法烧炼丹药，用来服食，或直接服食某些芝草，以点化自身阴质，使之化为阳气。其后将人体拟作炉鼎，用以习练精气神，称为内丹术。

■ 老子论道壁画

修炼 一般指修心炼身。《高级汉语大词典》解释为"道教的修道、炼气、炼丹等活动"。"修"有整治、改正、修理之意。"炼"原指用加热等方法使物质融化并趋于纯净或坚韧，道家用来指炼丹等活动，如通过炼内丹使身体更健康。"修炼"两字合用，多见于道家典籍。

■ 老子书写《道德经》

生"之门，用以返璞归真，遵循天理，追寻大道。

自从老子著成《道德经》以后，历代道家学者都把自然作为研究的对象，并且由此开始了道家阐释"天人合一"思想的研究历程。

道家的最高境界在自然大道中，通过对"道"的修行领悟，进而达到人在自然大道中生存的最佳状态。换句话说，道家强调顺"道"而生，应"道"而行，完成人类与自然最和谐的结合。这就是道家的"天人合一"思想。

道家的"天人合一"思想包含了两方面内容：一是道家的自然观，二是道家的生态智慧。

在自然观方面，道家注重对整个自然界进行整体认识，认为人和天地万物都是以"道"为本原，"道"是自然与人存在的共同基础，也是人与万物的共同本性。

对于"道"为本原、"道"生万物，《道德经》中说：

道生一，一生二，二生三，三生万物。

"道生一"的意思是说："道"既是规律、法则、秩序，"一"就是生生不息的变化，"道生一"的意思是由"规律"而产生有方向性的变化。

"一生二"的意思是说：有了方向性的变化，就产生了对立，诸如作用力与反作用力、阳与阴、善与恶、天堂和地狱、支持和反对等等。

■《道德经》

"二生三"的意思是说：对立的两面都是极端的趋向，无法相互依存，二生三就产生了调和两者的中轴。比如，天地的中轴是人，五行的中轴是中土，天堂与地狱的中轴是人间，等等。

"三生万物"的意思是说：由"道"这种规则产生的方向、对立和中道，可以映射到万事万物上。诸如宇宙的产生、国家的政治，以至于人的身体的健康运行等各个方面。

在探索"道"生成万物的过程时，《道德经》提出了"万物生于有，有生于无"的观点，意思是万物产生于看得见的有形质，有形质又产生于不可见的无形质。

道家认为，"有"与"无"是统一而不可分离的，物与道也是统一而不可分离的。在这个统一体

生态 指一切生物在一定的自然环境下生存和发展的状态，以及它们之间和它与环境之间环环相扣的关系。"生态"一词涉及的范畴也越来越广，人们常常用"生态"来定义许多美好的事物，如健康的、美的、和谐的等事物均可冠以"生态"修饰。

■ 庄子画像

中，人既不是自大的人类中心主义，也不是无所作为臣服于自然，也就是说，人的存在和宇宙自然的存在一样伟大。

老子之后的庄子发展了《道德经》自然观，提出"万物一体"的思想，这是从道家的宇宙生成论演化而来的天人合一论。他的"天地与我并生"，是从宇宙演化的角度，来看待人与自然的物质上的统一，认为人类生命是自然整体发展的结果。

庄子自然观的第二个方面是精神层面的，即人的精神与自然的统一。它表现在顺天行，循天理，合天德，从而达到人的精神的最高境界，即精神自由的境界，同时也是"备于天地之美"的美的境界。

对于《道德经》的自然观，庄子认为回归自然，顺应自然，是人生最明智的选择。庄子在《庄子·应帝王》中讲了一个浑沌的故事：

在传说中，南海的君王叫做"倏"，北海的君王叫做"忽"，中央的帝王叫做"浑沌"。倏和忽常常在浑沌的居地相遇，浑沌待他们很好。

倏与忽商量着报答浑沌的恩德，他们认为，人都有七窍，用来看外界，听声音，吃食物，呼吸空气，唯独浑沌没有七窍，让我们试着给他凿出七窍。于是，倏和忽每天替浑沌开一窍，到了第七天，七窍凿完，浑沌也就死了。

这个"以人灭天"故事的寓意是，人类想用强力变更或改造自然以符合自己的意愿，结果只能导致自然本身的死亡。因此，在道家看来，要想与自然万物和谐，就必须克服人性的异化，回复到人的本性。这是道家关于自然观的形象生动的艺术表现。

到了汉代，《淮南子》继续发挥道家《道德经》自然观，并与当时的天文学和宇宙论结合起来。《淮南子·精神训》描述宇宙生成人的过程是源于"阴阳二神"：

古未有天地之时，惟像无形，窈窈冥冥，芒芰漠闵，鸿蒙澒洞，莫知其门。有二神混生，经天营地；孔乎莫知其所终极，滔乎莫知其所止息；于是乃别为阴阳，离为八极；刚柔相成，万物乃形；烦气为虫，精气为人。

是故，精神，天之有也，而骨骸者，地之有也，精神入其门而骨骸反其根，我尚何存？是故圣人法天顺情，不拘于俗，不诱于人；以天为父，以地为母；阴阳为纲，四时为纪；天静以清，地定以宁；万物失之者死，法之者生。

■《庄子》

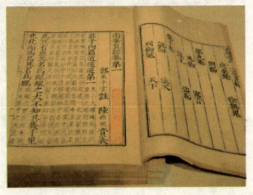

意思是说，上古还没有形成天地的时候，只有模糊不清的状态而无具体形状，这种状态是昏暗幽深、混沌不清的，无法知道它的门道。那时有阴阳二神同时产生，一起营造天地，造出的天地深远得不知它的尽头，宽广得不知它的边缘。这时便分出天地阴阳，散离成四方八极，阴阳二气互相作用，万物才从中产生形成。在这里，杂乱的气产生鱼鸟禽兽和昆虫，而纯精的气则产生人类。

因此，人的精神归属于上天，而形骸归属于大地。如果人去世以后，精神归属于上天、形骸归属于大地，那么，"我"还有什么存剩呢？所以圣人遵循天地的运行规则、顺应人的本性，不为世俗所拘束、不被人欲所诱惑，以天为父，以地为母，以阴阳变化、四时运行为准则。天清澈而洁静、地平定而安宁，万物离开它就死亡，依附它就生存。

上述这段"阴阳二神"生成人的文字表明：人的精神属天，形体属地，精神与形体是有机结合的，天地也是有机统一的。

《淮南子》的"天"是道家的自然之天。认为人是天地自然的产物，与其他自然产物一样，所以人不应该奴役自然万物，对待自然和对待自身生命的态度都应该是顺其自然。

西汉时期的"顺其自然"也叫做"清静无为"，主张对自然对社会都要少些人为的干预和造作，这是汉初"黄老"道家思想总的精神。

事实上，"清静无为"一直是道家的价值观，在这种价值观念中，自然的存在是人的存在的根据，自然的价值和人的价值摆在同等重

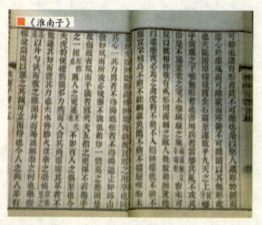

《淮南子》

要的地位。这种尊崇自然的观念，是后世保护自然的生态文化的哲学基础。

道家基于"清静无为"而提出了"道法自然"，是关于生态智慧的最深刻、最完美的说明，它强调人的行为与社会自然结合一体。

人类行为的基本原则就是遵循自然规律。因此，《道德经》主张人应该协助自然发展，而不是自以为是，任意而为。

■《道德经》竹简

"人法地，地法天，天法道，道法自然"，这里的"自然"既指宇宙万物的存在，又指宇宙万物的规律。此语深刻揭示了人与自然的关系。

"道法自然"的基本法则就是自然。什么是自然？自然是一种状态。《道德经》赞颂智识未开的赤子：

含德之厚，比于赤子。蜂虿虺蛇不螫，猛兽不据，攫鸟不搏。骨弱筋柔而握固，未知牝牡而全作，精之至也。终日号而不嗄，和之至也。知和曰常，知常曰明。益生曰祥，心使气曰强。物壮则老，谓之不道，不道早已。

赤子 刚生的婴儿，后比喻热爱祖国，对祖国忠诚的人，如"海外赤子"。"赤子"最早是老子所用的比喻，老子在《道德经》中写道"含德之厚，比于赤子"，意思是说，道德修养深厚的人，就像"赤子"一样，毒虫不螫他，猛兽不伤害他，鹰隼不搏击他。

庄子蜡像

意思是说，内含充足的德性，好比初生的婴儿。有毒的蛇虫不螫咬，猛兽不捕捉，凶鸟不搏爪。骨弱筋柔而手握闭固气门，不知雌雄交合而始终挺勃，是精之至足。终日哭号而喉不沙哑，是无欲气和之至的原因。知静和是自然的生态，知自然而不妄为明。益于处常而生为祥和，心明使气神宁和虚静为自强不息。万物趋壮则自衰老，称谓不合道，不合道就必然不能恒常而走向生命的尽头。

　　"含德之厚"其实说的就是善于修养、保守道德的人。这段话主要以"含德之厚"者与"赤子"相似的形象和特征来揭示什么才是"自然"的本质。

　　庄子对自然状态进行理解时，以动物为喻：乌龟的脚有短有长，这是它们的自然之性，要人为地改变这种自然状态只能造成悲剧。庄子说的是，以某种文化规范改造人，就违反了人的自然本性，认为人性的自然才是人性的真实。这里同时也讲的是人与自然的关系问题。

　　尊重自然的价值，主张人与自然统一是"道法自然"的重要思想。道家对人的存在与自然存在的关系，对人的价值与自然价值的关系进行了深入的思考，体现了我国文化的深湛的智慧。

　　道家思想对待自然与社会的重要原则是"知常"。在这里，"常"也就是"道"，是自然规律。遵循这种自然规律，就能处于阴阳调和的恬静状态，不受鬼神的扰乱，与四时季节的变化相和谐，不会受万物的伤害，也不受一切生物的侵害而夭亡。如果违背自然之常而肆意妄为，就会导致凶灾。

汉初的"黄老"道家发挥了这种思想，提出"顺天者昌，逆天者亡"，这也成为以后我国文化的流行观念，并且往往运用在政治方面。它最初的含义是人的行为应该顺应自然规律，无论是政治行为或者是社会生产活动都是如此，否则会造成灾祸。违反自然规律肆意妄为，是造成人类生态问题、环境问题的根本原因。

人与自然的和谐，人与人的和谐，才有美，才有快乐。在这里，"知和"与"知常"两个概念是紧密联系的。

《道德经》说"知和曰常，知常曰明"，意思是说，懂得和就是懂得常规，懂得常规就是明智。庄子将其进一步发挥，把"和"作为美的表现，也就是天地生物之道。阴阳和谐才能生物，这是天和，也是天地之大美。在庄子这里，大美与大道是互相交融的，它是宇宙的本原，所以也叫做"常"。

与"知常"相联系的另一概念是"知止"，也就是人的行为应有限度，超过这个限度就危险。在人对自然的利用或改造过程中，这种

《道德经》碑廊

老子塑像

天人合一的思想内涵

认识有重要的意义。

　　自然生态是一个有机系统，"知止"表现在人利用自然时必须限制自己的欲望，有所为，有所不为。"知止"表现在人的行为上是"不妄作"，表现在人的心理上是"知足"。人类对自然的破坏总是源于人的欲望的"不知足"，如果不对自己的行为加以限制，则会破坏自然系统的稳定，也就不可能建设一个人与社会、人与自然共同和谐发展的可持续发展社会。因此，《道德经》提倡"圣人去甚、去奢、去泰"，即应该去掉奢侈浪费，去掉走极端和过分的行为。

　　面对自然规律，《道德经》认为人的正确行为是顺乎自然而无为："以辅万物之自然而不敢为。"这种生态平衡思想，强调的是按规律办事，顺其自然。

　　"无为"是《道德经》哲学的一个中心，它的本义不是无所作为，而是顺其自然以完成人的理想。同时，无为也是一种策略，一种方法，正所谓"无为而无不为"。无为就是不强为，顺应自然、因势利导以达到目的。这种方法可以运用到社会政治中，也可以运用到自然方面。

庄子认为天道就是"无为"，而人道往往违反天道，是"有为"。人的"有为"与自然的"无为"是一种矛盾：人不能不利用和改造自然，但如果"不明于天"，"不达于道"，"有为"的结果就是可悲的。

解决"有为"和"无为"的矛盾，一是要认识自然的规律，二是人要认识自己的行为。自然的运行是天生的，不可强力更改；人的行为应该有自己的规范，不能超越范围。人的认识也是有限的，应该知道这个限制。从个人来说，知道了这两个方面，才能"终其天年"。从人类社会来说，知道这两个方面，才不会干出蠢事来。

总之，道家"万物一体"的自然观，"道法自然"的生态观，表现了人类文化的深刻智慧，为现代人构建可持续发展的现代文明，提供了丰富的文化资源。

阅读链接

庄子名庄周，他有一次梦见自己变成一只蝴蝶，飘飘荡荡，十分轻松惬意。他这时完全忘记了自己是庄周。过一会儿，他醒来了，对自己还是庄周感到十分惊奇疑惑。他认真地想了又想，不知道是庄周做梦变成蝴蝶呢，还是蝴蝶做梦变成了庄周。

"庄周梦蝶"的故事因其深刻的意蕴，浪漫的情怀和开阔的审美想象空间而受到后世文人们的喜爱，同时也成为后世诗人们借以表达离愁别绪、人生慨叹、思乡恋国、恬淡闲适等多种人生感悟和体验的一个重要意象。

儒家的天人合一思想

　　儒家的创始人孔子，在我国历史上是一个具有划时代意义的人物。孔子是春秋时期鲁国思想家，他在30岁时，有机会到洛阳去拜见老子，向他请教礼乐。

　　老子姓李，名聃，年纪比孔子大得多，在洛阳当西周王朝"守藏室之史"，掌管国家文物典籍。他见孔子来向他虚心求教，很喜欢，

孔子问礼老子

■ 子产（？～前522年），本名姬侨，又字子美，人们又称他为公孙侨、郑子产，他是郑穆公的孙子，春秋后期郑国人，与孔子同时，是孔子非常尊敬的人之一。公元前554年，郑简公杀子孔后被立为卿，公元前543年到522年执掌郑国国政，是当时著名的政治家、思想家。

还真拿出老前辈的热心来，很认真地教导孔子。

孔子此行受益匪浅，他回到鲁国后对自己的弟子说，自己见了老子，就像见到真龙一样，佩服之情溢于言表。

就在孔子会见老子那一年年底，郑国掌握国家大权的执政子产去世了。郑国人都流泪，好像亲人去世了似的。孔子一听到子产噩耗，也哭起来。他说："子产是我所想念的人啊！"

孔子很钦佩子产，也跟他见过面，像尊敬老大哥那样尊敬子产。子产在思想上受孔子的影响很深。

郑国有一次遭到火灾，别人请子产去求神，子产说："天道远，人道近；我们要讲切近百姓利益的人道，不讲渺渺茫茫的天道。"

郑国有一年发生水灾，别人又请他去祭扫龙王爷，子产说："我们求不着龙，龙也求不着我们。谁跟谁也不相干。"

子产的这些思想，在当时可以算是很了不起的。子产在讲天道、人道时的主要观点，其实就来自于孔子。孔子和子产都是春秋时期著名的思想家。对待天道与人道的关系，他们都表现出了朴素的人本主义，都不迷信鬼神，提出人事才是可以掌控的。

孔子作为一个思想大家、儒家学派的创始人，他在继承和吸收前人天人思想的同时，从人道上突破了原始天命观的限制，以"天命"和"人道"作为联系天人之间的纽带，将"仁"作为实现贯通天人关

■ 孔子讲学

《论语》 孔子的弟子及再传弟子所著。"四书五经"之一，是儒家著作之一。记载春秋末期思想家孔子及其弟子言行的语录体散文。全书共20篇，内容涉及政治、教育、文学、哲学以及立身处世的道理等多方面。《论语》多为语录，但都辞约义富，有些语句、篇章形象生动，是有关儒家思想的经典著作。

系的途径，通过"修己"、"安人"的修养功夫体悟天人和谐之境。

孔子主张像先贤那样遵循天道，通过潜志躬行"内圣外王之道"，以达到"天下为公"、"大同世界"之境界。这种理论和实践，用孔子自己的话说就是"则天"。孔子在《论语·泰伯》中说：

大哉！尧之为君也。巍巍乎！唯天为大，唯尧则之。荡荡乎！民无能名焉。巍巍乎其有成功也，焕乎其有文章。

意思是说，帝尧作为一代君王是多么伟大！他像崇山一样高高耸立着，上天是最高大的，帝尧就是在效法着上天！他像大地一样一望无际，民众无法用现有的词语来称道他！因此，他所成就的功业是如此崇高伟大，他所制订的礼仪制度是如此灿烂辉煌。

尧是我国传说时代的圣君。孔子在这里用极美好的语言称赞尧，尤其对他的礼仪制度愈加赞美，表达了他对古代先王的崇敬心情。孔子的"则天"就是效法尧那样遵循天道，这其实是孔子的功夫论，包括道德修养和社会实践。

孔子终其一生提倡和践行"则天"之教，以善处人与自然、人与社会的关系。孔子正是通过"则天"的不懈追求，加强个人修养，尽心治理国家，并达到了绝大多数人无法达到的思想境界。

孔子的"则天"其实就是儒家一贯倡导的"天人合一"。"天人合一"虽是我国古代大多数哲学家所共同宣扬的基本观点，但在我国传统文化范围内，则大多数情况下指儒家的"天人合一"。因为儒家的"天人合一"思想更复杂，影响我国文化也最深远。

"天人合一"思想的形成过程是历代儒家学者在探索"天"、"人"的关系中演变过来的。他们首先阐发了关于"天"的一系列思想，其次是与人相对应的"人"的思想，最后便形成了"天""人"关系的和谐的价值取向，也就是"天人合一"思想。

"天人合一"中的"天"，被儒家学者赋予了各种意义，有自然之天、命运之天、意志之天、伦理之天、神圣之天、救赎之天、创造之天等。大凡宇宙万物之起源、人类社会之形成、政治制度之合法性、伦理道德之标准、人类未来之命运等，无不可以从儒家有关"天"的论述中得

孔子杏坛讲学图

到最权威的解释。

■ 孔子圣迹图·习礼树下图

荀子（约前313年～前238年），名况，战国末期赵国人，著名思想家、文学家、政治家，儒家代表人物之一。荀子对儒家思想有所发展，提倡性恶论，其学说常被后人拿来跟孟子的"性善说"比较，荀子对重新整理儒家典籍也有相当重要的贡献。

因此可以说，"天"在儒家传统的思想体系里构成了一个最高的概念，折射着儒家有关"人"的地位、命运和价值取向的方方面面，因而它们相互关联的"天人合一"，自然而然也就表达着儒家理论的丰富内涵。

"天"，作为儒家思想中最高的一个概念，在其发展过程中，具体表现为自然之天、主宰之天和义理之天。

儒家的"天"表现于自然界时，即为自然之天，天人相分的天。荀子在很大程度上否定了天的意志成分，而是赋予天以更多的自然物质因素；并认为人与自然有所区别，人类要掌握并利用自然规律来为自己服务。

儒家的"天"具体地表现出一种不可知的神秘力量时，它可以左右人的命运，并含有超强的意志与力量，即成为主宰者。这一观点主要表现在儒家思想的初期，以孔子为代表。孔子曾经说"君子畏三命：畏天命，畏大人，畏圣人之言"，其中的天虽然带有一定的道德意味，但仍然是以一个令人生畏的主宰者的形象出现的。

儒家的"天"在发展过程中慢慢形成了客观的"理"，这一思想在先秦孟子那里就开始萌芽了。孟子最先把天与人的心性联系起来，以为尽心便能知性，知性就知天了，正如他所说的"尽其心者知其性也，知其性则知天矣"。孟子的天也就是往后宋明儒家所言的"理"。程颢发展成"心即是天"，程颐则说"性即理也"；朱熹所谓"天即理也"。到后来明代王阳明所倡"心即理"，这些无疑都是对孟子"尽心知性知天"从不同角度的诠释。

以上这3种表现分属于儒家哲学不同的时期，然

君子　特指有学问有修养的人。"君子"一词出自《易经》，被全面引用最后上升到士大夫及读书人的道德品质始自孔子，并被以后的儒家学派不断完善，成为中国人的道德典范。"君子"是孔子的人格理想。君子以行仁、行义为己任。《论语》一书，所论最多的，均是关于君子的论述。

■ 孔子讲学场景

而又不能将其截然分开，毕竟它们只是一个概念的不同内涵而已。儒家诸子对天的理解虽人各有殊，但有一点是共同的，即都认为人最高的理想是掌握宇宙间最高智慧，无不追求达到完美的"天人合一"之境。

儒家所追求的"天人合一"之境，高度体现了人与自然关系的儒家思想。儒家认为，人与自然万物均是天道、天性或理这一最高原则的天所一贯而成的。宋代大儒朱熹的"理一分殊"的观点就是对此精彩的描述。所有事物各有一理，而单说理却只有一个。

基于此，儒家认为，人与自然地位是平等的，无所谓贵贱，两者构成一个完整的有机体；人与自然亦有差别；人与自然可以感通，通过感通自然，人可以认识把握最高的规律。

儒家的普世情怀，是其伦理思想的起点和动力。正是因为儒家竭力追求"天人合一"，所以才将表达宇宙万物之"天"与表达生命与亲情的"人"自然统一起来了。如《周易》中说：

天行健，君子以自强不息；
地势坤，君子以厚德载物。

■ 孟子（约前372年～约前289年），名轲，字子舆。我国战国时期伟大的思想家、政治家、教育家，儒家学派的代表人物。与孔子并称"孔孟"。孟子继承并发展了孔子的思想，但又加入自己对儒术的理解。被后世尊称为"亚圣"。

■ 朱熹（1130年～1200年），字元晦，一字仲晦，号晦庵，晚称晦翁，谥"文"，亦称朱文公。南宋著名的理学家、思想家、哲学家、教育家、诗人，闽学派的代表人物，儒学集大成者，世尊称为"朱子"。其著作甚多，辑定《大学》、《中庸》、《论语》、《孟子》为四书作为教本立于学官。

意思是说，天是乾，它给人的启示是生命的起源和无限活力；天也自然涵蕴着地，地是生命的承载体，它通过其所承载的生命启示出天地道德涵义。总体意思是君子要懂得顺应天道，懂得承载包容。

我国儒家对于给予他们生命起源和养育之恩的体验和反思，比较容易从经济性、简易性和可靠性方面强化其伦理价值的普遍性，其特点被孟子精确地描述为一个"诚"字。孟子认为，"诚"是天之道，只有按天之道去想、去做，才是为人之道。

儒家传统的价值观的体验是关乎个体的人的，但其立意或动机最终追求的却是关乎天下苍生万物的，此二者之结合既有生命之情怀亦有宇宙普遍之道理，其精髓俱见于宇宙生成论、伦理学和人生论。张载曾这样描述过"天人合一"的伦理意义：

乾称父，坤称母；予兹藐焉，乃浑然中处。故天地之塞，吾其体；天地之帅，吾其性。民，吾同胞；物，吾与也。

张载（1020年～1077年），北宋时期哲学家，理学创始人之一，程颢、程颐的表叔，理学支脉——关学创始人，封先贤，奉祀孔庙西庑第三十八位。其庙庭与周敦颐庙、邵雍庙、程颐庙、程颢庙合称"北宋五子"庙。

这就话的意思是说，天是我的父亲，地是我的母亲；我是个小小的生灵，在他们中间亲密相处。因此，充满宇宙之间的，是我的身体；指引宇宙运行的，是我的本性。人民，是我的兄弟姐妹；万物，是我的同伴。

张载在这里明确表示人与万物都是天地化生的，而且天规定了人的本性，人类社会理想的伦理制度、人对自然万物所应当遵行的伦理原则以及人对自己生命的态度。张载认为，如果不如此，人的生命伦理就不能体现出天命精神，个人就不能与宇宙万物融为一体，人伦价值就没有普遍意义。

总之，儒家的"天人合一"思想认为，天地万物秉承"天命"而生生不息，这其中自然又蕴涵着"人"，所以"人"活着也是在履行"天"命，"人"的伦理价值也是展示"天"的普世价值。人只要生活在天地宇宙间，只要有人的生命情怀，他就一定还有天地良心，他就一定有存在的价值。

阅读链接

儒家注重天道，正所谓"天行健，君子以自强不息"。儒家"天道酬勤"的思想精神鼓舞了一代又一代仁人志士。晚清"中兴四大名臣"之一的曾国藩就是其中之一。曾国藩一生以儒家思想进行自我修为，终成在历史上有一定影响的大儒。

曾国藩小时候的天赋却不高。有一天在家读书，对一篇文章不知道重复朗读了多少遍，还没有背下来。这时来了一个贼，潜伏在他家的屋檐下，希望等读书人睡觉后捞点好处。可是左等右等，就是不见他睡觉，一直翻来覆去地读那篇文章。贼人大怒，跳出来说："这种水平读什么书？"然后将那文章从头到尾背诵一遍，扬长而去。曾国藩是一个平凡的人，却依靠自己的勤奋成为历史上的伟人。这是儒家"天道酬勤"精神激励的结果。

佛家的天人合一思想

佛典《譬喻经》上记载了这样一个故事：从前，在离一个城市不远的森林里，有一位禅师证得了"六神通"，他的弟子是一个8岁的小沙弥。

禅师因为有宿命通，证得小沙弥的寿命只剩七天了，他就想：如果小沙弥在这里死了，他的父母一定认为是我照顾不周，我恐怕也会有麻烦了。因此，禅师就告诉小沙弥："你的父母很想念你了，可以回去探望你的父母，你过了八天以后再回来。"小沙弥很高兴地辞别了禅师，踏上了回家的路。

小沙弥走到半路，天就开始下大雨。他看到雨水快要流

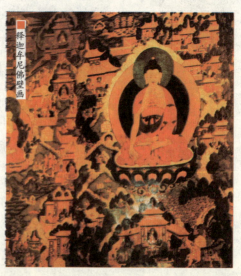

释迦牟尼佛壁画

■ 释迦摩尼佛像

六神通 佛教指6种超人间而自由无碍之力，又作"六通"，包括神变、天耳界智、他心智、宿住随念智、有情死生智、漏尽通。其中前五通为世间神通，少数人天生具有一两项；第六通为出世神通，意即贪嗔痴烦恼的断灭。现代科学认为，二、三、四、五通并未违反自然规律，第六通烦恼的断灭是心理、心灵层次的，也与现代心理科学相符。

进一个蚂蚁窝了，就急忙用土把雨水挡住，使雨水没有淹到蚂蚁窝里去。

小沙弥回家后，家里一切都很好，没有发生任何事。到了第八天，他又回到禅师那里。

禅师看到小沙弥平安回来，心里感到很奇怪。他入定观察，才知道小沙弥因为救了蚂蚁而延长了寿命。禅师对小沙弥说："你做了大功德，你自己不知道吗？"

小沙弥说："我七天都在家里，哪里做了什么功德？"

禅师又说："你的寿命本来只能活到昨天，因为你救了那么多蚂蚁，所以寿命可以延长到80多岁。"

小沙弥听了师父的这番话，更加相信"善有善报"的道理了，心中很是欢喜。于是他就努力用功修行，后来也证得了"六神通"。

佛教大约在汉代传入我国后，我国传统儒学的基本思维模式"天人合一"，极大地影响了佛教而使其不断地得以丰富。那些经过佛教长久涵濡的人们，如上述故事中的禅师等人，他们的思想有一个基本特征，就是讲究"报应"之说。"善有善报，恶有恶报。不是不报，时候未到。时候一到，一切都报"，这是佛家在教世人向善，充分地体现了佛家大慈大悲的菩萨情怀。

为什么会有"报应"呢？就是因为"天道"在发挥着作用。佛家认为，人德不载天道，违背规律，道与德就不合，规律就要惩罚人。佛家的这种"人道合天道"，恰恰就是我国传统哲学"天人合一"的精神实质。

在佛教中，宇宙世间的最高实体是"天"，也就是"佛"。佛具有最高智慧，是世间万物生存与活动的根据。人们皈依佛教的目的是想成佛，成佛才能与佛合为一体，从而超越生死轮回，摆脱人生苦恼，获得解脱。

佛教经典《金刚经》里讲到"般若波罗密"，中文意思是大智慧到彼岸，般若就是智慧，彼岸就是梦想和目标。这里的天是梦想，人是行动，天是智慧，人则是追求、发现智慧的思考者。借助一种智慧实现梦想，这就是

《金刚经》 佛教经典。全称《能断金刚般若波罗蜜经》，又称《金刚般若波罗蜜经》。最早由东晋时后秦高僧、著名佛经翻译家鸠摩罗什于402年译出1卷，以后相继出现5种译本。此经以一实相之理为体，以无住为宗，以断疑为用，以大乘为教相。

■ 西双版纳大佛寺鎏金佛像

一种"天人合一"。《金刚经》中说：

世间有为法，如梦幻泡影，
如露亦如电，应作如是观。

意思是说，一切由条件构成的现象，都是虚幻的，好像梦幻泡影，好像露水闪电一样，应该这样看待这个世界。这段话的主旨是不著于世，不离于心，最后才能达到成佛的境界。

成佛是佛教的最高境界，称之为"涅槃"。涅槃也即佛教"天人合一"的境界。

涅槃境界的实际情况如何，各派有自己不同的解释。小乘佛教把涅槃分为有余涅槃和无余涅槃，大乘佛教则分涅槃为实相涅槃和无住涅槃。然而它们实质上指的都是一种与苦难的现实人生相反的理想的境界。在这一理想境界中，没有任何烦恼、痛苦存在，充满了欢乐、幸福。

药王谷药王佛

大乘佛教又提出"净土"的概念。净土即为佛所居住之所，又称为"西方极乐世界"。据佛典《无量寿经》的描述：

彼极乐世界，无量功德，具足庄严。永无众苦、诸难、恶趣、魔恼之名；亦无四时寒暑、雨冥之异，复无大小江海、丘陵、坑坎、荆棘、沙砾、铁围、须弥、土石等山。

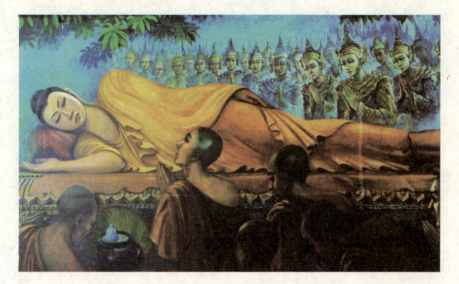

惟以自然四宝，黄金为地，宽广平正，不可限极。微妙、奇丽、清净、庄严、超逾十方一切世界。

■ 佛陀壁画

意思是说，那个极乐世界，由无量功德所成就，国土庄严清净，具足一切胜妙。永离种种苦难、三恶趣与魔恼的名字，众苦诸难恶趣魔恼等连名字都听不到，更不用说有实际的苦难恶趣了；国中没有春夏秋冬、寒冷暑热、阴雨的现象，也没有海洋、河流、山陵、坑坎不平、荆棘、沙漠、铁围山、须弥山、土石所成的种种山。只是一片平坦整齐，广大无边，以自然七宝和黄金所成的大地。国土是微妙中的微妙，奇丽中的奇丽，其清净与庄严，超过了十方一切世界。

由此可见，佛教所向往和追求的"天人合一"的净土世界，即涅槃之境，一切皆是美好如意。

佛教的"天人合一"，为人们展现了一个超越现

小乘佛教 也叫做"小乘教"，"小乘教法"，略称"小乘"。小乘法门以自我完善与解脱为宗旨，其最高果位为阿罗汉果及辟支佛果。小乘佛教和大乘佛教是同时传入我国的。我国汉传佛教的13个大宗派中，也有专门的多个小乘宗派，如毗昙宗、成实宗、俱舍宗等。

实痛苦、一切皆美好如画的涅槃世界。那么，如何才能进入这一境界呢？

佛教认为，首先要有对佛教的虔诚信仰。佛家常说"心诚则灵"。将"诚"解作虔诚，将"灵"解作显灵，是它原本的意思。也可以把"诚"作广义理解为真诚、忠诚、坦诚、诚心诚意、以诚相待等，把"灵"看作是一个值得期待、值得向往的美好结果来理解。

其次，光心诚不行，还要落实到实践中去，做到笃诚践行。笃诚践行的根本功夫在于"戒、定、慧"三学。

■ 睿亲王府普度寺佛像

佛家认为人生是苦的。人生的痛苦是由于宇宙万物的虚妄不实、不确定性造成的。因此，佛家认为修行者在践行活动中首要的是"戒"，即遵守佛法，守持戒律，通过繁多的戒律来约束自身的行为，逐渐断除恶念、贪欲，"妨非止非，从是作善"，达到对佛的体悟。由此而达到"定"的阶段。

定，是指息缘静虑，在身、口、意三业清静的基础上修习禅定。定当以戒为先，戒自生定，达到诸欲了断，心趋平静，神志清明之境。由定而生"空"，由此洞达了"诸法因缘和合而生灭"的宇宙真理，从而一悟成佛，而达到"天人合一"的涅槃之境。

慧，与任何种心皆有相连属之作

用。此外，慧与智为相对之通名，达于有为的智者称
为"智"，达于无为的空者则称"慧"。

■ 栖霞寺毗卢宝殿佛像

此外，《菩萨璎珞本业经》卷上、《阿毗达磨俱
舍论》第26卷等佛教经典和以及"天台宗"等佛教流
派，也有各种不同的慧之说。

佛家的"天人合一"理论是建立在缘起论的基础
上的。缘起论是整个佛教思想的基础。佛家认为世界
万事万物都是因缘和合而生的，缘聚则生，缘散则
灭，透过这一法则，可以发现世间诸法，包括各种生
命现象，都是虚幻不实，不能久驻长留的。

由缘起论，佛家提出了以整体论与无我论为主要
特征的"人与自然"关系理论。

从佛教整体论方面看，原始佛教认为："此有故
彼有，此生故彼生……此无故彼无，此灭故彼灭。"
这里的"此"与"彼"构成了一个不可分割的整体。

戒律 宗教禁止教徒某些不当行为的法规。如佛教有五戒、十戒、二百五十戒等类。道教亦有五戒、十戒、一百八十戒等类。戒，防非去恶；律，也就是法。清规戒律，指佛门弟子必须遵守的规则和戒律。佛门弟子的修行可以概括为"戒，定，慧"三学，其中"戒"为基本修行方式。

任何事物都不是孤立的独在，他们互相联系、不可分割。正是在整体论的基础上，佛教发展出大慈大悲、天下一体的菩萨情怀。

再从佛教无我论方面看，从缘起论出发，佛教认为世界上一切事物没有不变的本质，只有相对的存在，称为"空"。空，包括我空、法空，即要破人我执、法我执。这样的话，人们在看待自然时便不会以人类为中心了，而是立足于宇宙整体。

在整体论与无我论的基础上，佛教看待人与自然的关系时必然产生"无情有性，真爱自然"的观点。佛教将一切法都看做是佛性的显现。万法皆有佛性。天台宗大师湛然，将此明确定义为"无情有信"，即没有情感意识的山川、草木、瓦石都具有佛性。禅宗更是强调"郁郁黄花无非般若，青青翠竹皆是法身"。大自然的一草一木都是佛性的体现，皆有其存在的价值。

阅读链接

我国史籍中记载了很多佛教丛林中度化世人的故事。明代有一个云谷禅师，出家的法名"法会"，又号"云谷"，祖籍浙江嘉善胥山镇，俗姓怀。幼年便看破红尘，立志出家，投在本乡大云寺一个老和尚座下，剃度为僧。后经法舟禅师点化，彻悟佛经与佛法真义，然后便隐遁到佛教大丛林里，做一些煮饭挑水出劳力的仆役工作，来磨炼自己。

明代思想家袁了凡曾参访云谷禅师，他们相对静坐三天三夜，云谷禅师把"一切唯心造"的生命奥义指示给袁了凡。相会云谷是袁了凡人生的重大转折点，对他"心性"修养影响最深最大，彻底改变其宇宙观。袁了凡的《了凡四训》融会禅学与理学，劝人积善改过，强调从治心入手的自我修养，提倡记功过格，在社会上流行一时。

和谐宜居

　　建筑是文化和思想的外现。综观我国古代建筑，在几千年的历史衍变过程中，无论是宏伟的宫殿、幽静的园林，还是丰富多彩的民宅，都以其独特的形式语言，打上了我国传统文化的烙印，表现出了丰富而深刻的"天人合一"传统思想观念。

　　我国古建筑始终是"天人合一"与"礼法、宗法制度"的联合体现。表现在城市、村庄、民居、园林、王陵的选址和布局命名上，都力图体现"天人合一"的追求。这些古代建筑，是古人的伦理观、审美观、价值观和自然观的深刻体现。

古代天人合一的建筑观

那是在我国传说时代，人们没有用于居住的房子，便居住在洞穴之中，与狼虫虎豹为邻，不时遭受野兽的袭击，人的生命面临着极大的威胁。在这种情况下，华夏族首领黄帝改变了人们原有的洞穴居住

原始人洞穴生活

■ 原始部落想象图

形式，砍来树木，运来土石，在近水的高地建造住所。住所是人们休息的地方，也是防御野兽侵袭、保护火种和进行炊事的场所。

当时建造的住所有圆形也有方形，结构上实行分室分间，有单间、套间。营建住所时已经会立架梁，墙壁是木骨泥墙，室内一明两暗。

黄帝是中华民族的"文明始祖"、"人文始祖"，他对人类居住条件进行改善，选择近水高地造屋而居，不仅是对人的极大尊重，也萌发了具有人居环境与自然环境相互和谐意义的"天人合一"意识。

我国古人讲究"天人合一"，就是说人居环境与自然环境可以互相交流，和谐共生。事实上，这种思想长久以来影响着我国古代建筑的设计和布局。

我国的古建筑与欧洲建筑、伊斯兰建筑并称为"世界三大建筑体系"，其中我国的古建筑是世界上

华夏族 即汉族。从汉代起称汉族。华夏也称"夏"、"诸夏"，又称"华"或"诸华"。是古代居住于中原地区的汉民族的自称，以区别东夷、南蛮、西戎、北狄这四夷。华夏民族在长期的历史发展过程中创造了辉煌灿烂的文明，推动了世界历史的发展，为人类做出了重大贡献。

新乐遗址复原图

亭台楼榭 我国4种传统建筑。亭，有顶无墙，供休息用的建筑物，多建筑在路旁或花园里。亭一般为开敞性结构，没有围墙，顶部可分为六角、八角、圆形等多种形状。台，高而平的建筑物。楼，两层或两层以上的建筑物。榭，以借助周围景色而见长的园林休憩建筑物。榭四面敞开，平面形式比较自由，常与廊、台组合在一起。

历史最悠久，体系最完整的建筑体系。从单体建筑到院落组合、城市规划、园林布置等，我国建筑独一无二地体现了"天人合一"建筑观，充分地展现了人与自然的和谐与统一。

从历史上看，在影响我国古建发展的诸多因素中，"天人合一"观念是根本性的因素。基于"天人合一"思想的影响，我国传统建筑十分重视对室外空间的处理。

我国古代建筑讲究与周围的环境、格调、意境和谐融洽，不突出自己，避免造成与自然的断裂和对立。檐廊、门窗、亭台楼榭以及敞开的院子交互组合，形成了虚实相映的空间意象，虚中见实，实中有虚，从而表现出鲜明的空间意识。

这种在空间意识支配下形成的古代建筑风格，不仅没将建筑隔绝于自然，反而将建筑与自然有机结合起来，融为一体，形成了两者亲和的特征，赋予建筑以鲜活的生命和浓郁的文化气息，这是其突出的人文特色之一。以致很多西方人称我国古代建筑为独特的"环境艺术"。

我国古代建筑的空间意识与古人的宇宙观念密切相关。"宇宙"的本义是指建筑。宇，指的是屋檐。《易经》中说"上栋下宇，以待风雨"。宙，指的是梁栋。因此，在古人的观念中，所有的"建筑"都是一种人工创造的"宇宙"。

从自然宇宙角度看，天空有二十八星宿，分属东南西北四方，每方七宿，分别以青龙、白虎、朱雀、玄武"四神"相守，中间是紫微帝宫，即宇宙最高神北极星的居所。这幅图案乃至宇宙观对古人的建筑规划产生了重要影响。

天地是一所其大无比的大房子，此即《淮南子》中所言"上下四方曰宇，往古来今为宙"。千秋万代，人们就在这所大房子的庇护下生活，无论肉体还是精神都受其保护。

我国建筑起码自秦汉时起，就具有了效法自然宇宙的文化胸襟，

华清宫皇家园林建筑

四神 也叫做
"四象",即青
龙、白虎、朱雀
和玄武,是我国
古代人民所喜爱
的吉祥物。这4
种动物,也是我
国古代神话中的
四方之神灵。四
神在古代还用于
军事上,战国时
期的行军布阵就
有"前朱雀后玄
武,左青龙右白
虎"的说法,简
单说就是一个布
阵的方位图。

因此一旦经济条件、建筑材料以及技术水平允许,人们就将对自然宇宙的领悟倾注于宫室的营建之中,建造尽可能恢宏博大的建筑以象征自然宇宙之大。比如大唐帝都长安城,其建筑面积达到了84.10平方公里,是我国古代第一帝都,也是包括我国古代都城在内的古代世界帝都之冠。

由此可见,我国建筑文化鲜明地体现出"宇宙即是建筑,建筑即是宇宙"的恢宏深邃的时空观念。

在"天人合一"思想支配下,我国古代建筑注重建筑之美。我国古代哲学思想的核心"天人合一"观,具有天然的美学品格。它启示人们,至善、至美的境界,就是人与自然和谐统一的境界;它在我国古代建筑方面所体现出来的美学思想的影响是全面而深刻的。

■ 苏州盘门瑞光塔

古代建筑之美也源于自然的启示。华夏大地山河壮丽,景象万千,美好景色启发了人们热爱自然、讴歌自然的无限激情。"天人合一"的思想与对自然美的鉴赏相互融合,便相应地产生了文化底蕴厚重的建筑美学。

我国古代建筑师代表了古人的审美观念,他们喜欢富丽华贵、雍容大度的美,所谓泱泱大国之风。比如阿房宫、紫禁城、长城、颐和园、布达拉宫、民居、园林等杰作，就创造出了一种"天人合一"的理想境界之美，闪烁着我国古代建筑的光辉。

承德小布达拉宫

这些古代建筑，不但在造型、空间布局、总体规划方面独具特色，而且作为我国古建筑美学的主导思想的"天人合一"观，在建筑设计中从多方位、多层次中得到了充分的展示，体现了我国古代建筑的深厚文化底蕴。

古代建筑中也体现了对称美，这也是美学法则之一。"对称"能给人一种平衡感和稳定感，这反映了人们在审美实践中的一种普遍的心理要求。

对称美源于自然亦道法自然。我国古建筑"道法自然"的对称之美，使得宫殿、庙宇、宝塔、桥梁、楼台亭阁等，都考虑到了"对称"这一美学法则。

统一之中有变化，变化之中有统一，是美学的最高法则，我国建筑师在群体美方面也有充分考虑。他们能够从形式感、造型、格调、色彩关系、高度变化、线条变化等方面，从系统美学总体审美效果上创造出群体和谐统一之美。比如故宫，就是群体美建筑的杰出代表。

故宫是一首凝固的交响乐：华表与金水桥就是这首交响乐的序曲，主旋律由天安门、午门逐渐展开，太和殿可视作交响乐的最强音，达到了乐曲的高潮。走到御花园，乐曲就进入尾声。到了地安门，则可以看做是全曲圆满地结束。

北京故宫建筑群

　　故宫还是一幅画，从任何角度看都具有绘画之美：整个围墙就是画框，画面富于节奏美、韵律美，错落有致的建筑群，从不同的角度看，都是一幅至美的建筑画。可见故宫建筑的群体美无与伦比。

　　我国古代建筑特别重视建筑单体之间、局部与全局之间、建筑与环境之间所造成的美。每个单体只是作为全群的一部分而存在。比如，祈年殿也只有在松柏浓郁的环境中才有生命，太和殿只有在紫禁城的森严氛围中才能造成一种神圣的气势。

　　再如藏于深山中的古寺，深山因与古寺融为一体而变得更加神秘，古寺因深山的渲染衬托变得更加清净，给人以超尘拔俗的审美感受。

　　我国古代建筑不仅重视近区的环境美，而且也注重与更加广阔的大自然的亲和关系，造成"天人合一"的理想境界。古代风水先生要"观势"、"观相"，实际上就是建筑选址要充分考虑环境因素，应该说，这是颇具美学价值的调查。

　　在自然环境中进行建筑，就要借助于引景、建景、借景，甚至运用对景等手法，把自然景色烘托得更美。比如古代庙宇的选址，一般选在三面环山、一面空旷朝阳的环境中，既能避风，又能沐浴阳光。

北京的碧云寺、山东的灵岩寺、南京的栖霞寺、敦煌莫高窟等，都是借助自然景色创造的杰作。尤其值得称道的是恒山悬空寺，背倚翠屏，上载危岩不在巅，下临深谷不在麓，倚山做基，就岩造屋，虹桥飞跨，殿宇悬空，构成惊险奇特之美。

以上数例皆为依山之势者，也有不少建筑傍水之姿者，或二者兼而有之，如长江的黄鹤楼，钱塘江的六和塔，洞庭湖的岳阳楼，昆明湖畔的颐和园等，如果不是依山傍水，这些华丽的建筑也就不能相映成趣、借景生色了。

我国古代建筑注重与自然高度协同的观念，还表现在城市、村镇、宫殿、陵墓、宗教建筑、民居等的选址、布局乃至命名上。这些古代建筑，也都力图体现"天人合一"的追求。总之，我国古代建筑将"天人合一"思想运用得十分娴熟，善于把握空间布局，竭力营造建筑之美，从而创造出一种"天人合一"的理想境界。

阅读链接

风水先生是指专为人看宅基地的人，他们曾在我国古代建筑的选址过程中发挥过重要作用。相传风水先生祖师为九天玄女。据传说，九天玄女俗名钟静，曾经帮助黄帝战胜蚩尤，解救百姓困苦而传授于他玄学术数，其中就包括风水术。

这一天，九天玄女云游燕山，在冰壁上发现天书《九天秘笈》，稍加研习即得其要义。后来又在冰洞中发现上可探天下可测之地，下可照世间万物的"天幻镜"，还发现《易经》原本和能测地脉之优劣的"地玄盘"。此三件宝物及冰壁天书助九天玄女修成大道，那得道之地，又是风水两洞，故玄女娘娘又称风水圣姑，学此道者便将九天玄女尊为风水始祖。后来，大道传入人间，所有徒子徒孙执罗盘、看地脉习学风水之道者，均被人称为风水先生。

古城的法天象地思想（一）

春秋时期的吴国，吴王阖闾为了与楚国争霸，广招人才，任用贤能。当时楚国有个叫伍子胥的人，因为他的父兄被楚平王杀害，他一心要为父兄报仇，便投奔吴国。阖闾看到伍子胥是个能文善武、有勇有谋的人，便以礼相待，加以重用，和他一起共谋国政。

公元前514年的一天，阖闾召见伍子胥，向他请教富国强兵之策。伍子胥想了一下，说道："蒙大王器重，恕我直言。吴国地处东面，三面受敌，又有江海之患，一旦强敌入

■ 伍子胥（前559年~前484年），名员，字子胥。春秋末期吴国大夫、军事家。伍子胥是吴王阖闾重臣，是姑苏城即今苏州城的营造者，至今苏州有胥门。吴国倚重伍子胥等人之谋，西破强楚、北败徐、鲁、齐，成为诸侯一霸。后来，继承王位的吴王夫差听信谗言，派人送一把宝剑给伍子胥，令其自杀。

侵，于吴国十分不利。"

阖闾焦急地问："那怎么做才好呢？"

伍子胥石像

伍子胥说："现在的吴国都城城池过小，我步量过，周围仅三百零三步。强敌一旦入侵，岂能抵御？只有兴建一座大城，驻兵屯粮，方能永葆千秋大业！"

阖闾听了，连连点头，便命伍子胥监造大城，即后来的苏州城。

那时候，要造一座大城很不容易。伍子胥请来了不少识天文地理的人，看好了地形，选定了城址，巧妙利用山水形制，用了3年时间，才圈了40多里地，又召募了成千上万民工，选定了吉日。

就在伍子胥一切准备停当，刚刚破土动工时，老天突然刮起狂风，下起暴雨。一连几天，天昏地暗，水流如注，满地都是积水。

原来，伍子胥建城选址时，挑选的是一块龙穴宝地，刚破土动工就惊动了海龙王。海龙王派出了一条能兴水为害、作恶造孽的孽龙来发大水，要叫这座城造不起来。

这天，伍子胥正在发愁，忽见造城的监官，浑身湿透像个落汤鸡，跑来报告："禀报大人，大事不好，有八个地方的城基，被水冲开了口子；城里的古井，也日夜不停地冒水，民工和百姓都忙着逃命啦！"

伍子胥跑出来一看，只见天空乌云翻滚，一条孽龙在云中忽隐忽现，巨大的口中不停地喷出水来。伍子胥双目怒张，须发竖起，抽出身上的宝剑，震天动地大喝一声："我从来不信邪！"然后就和孽龙展开了恶斗。

伍子胥凭着一身好本领，终于用宝剑刺中了孽龙的眼睛。孽龙翻滚了几下，从天上掉到地上，昏死了过去。伍子胥怕它醒来还要作孽，就随手把它斩成几段，从此，这条孽龙就卧在城中再也爬不起来了。

伍子胥斩了孽龙后，命民工造了8个陆城门，象征天上的"八风"，又造了8个水城门，象征地上的"八卦"。城外有护城河，内有护城壕。城墙是用泥夯实的，坚固无比。

伍子胥还命人在西城门外挖了一条大河，直通太湖；还开凿了运粮的"百尺渎"，由新都城通往古钱塘江北岸。从此，这块龙穴宝地被镇住了，苏州再也没有水患了。

据说吴国的新都城周围有47里加上210步又2尺，

■ 伍子胥建城遗址 胥门

城外廓有68里加上60步。在当时的长江流域，吴国新都城的规模是数一数二的。

阖闾见新都如此巨大、坚固，心中十分高兴，就给它取名为"阖闾大城"。从此以后，吴国逐渐强大起来。

伍子胥在建城时了解土质和水情，观天象和看风水，古籍中将其称之为"相土尝水，法天象地"。说明当时的人已经意识到建造城市的环境影响因素，这就是后世所说的"天人合一"思想。

其实，在我国建筑史上，这种"相土尝水，法天象地"的活动由来已久。夏商周三代以来流传有序的礼制建筑是辟雍、明堂，而它们的得名其实就与"相土尝水，法天象地"的建筑思想有关。

辟雍，亦作"璧雍"等，本为西周天子为教育贵族子弟设立的大学，取四周有水、形如璧环为名。当时这样的大学有5所，南为成均、北为上庠、东为东序、西为瞽宗、中为辟雍。其中以辟雍为最尊，故统称之。

关于西周大学的称谓，《周礼·春官》谓当时的大学为"成

文化主体

天人合一的思想内涵

■ 北京国子监辟雍

九州 "中国"的别称之一。古代中国人将全国划分为九个区域，即所谓的"九州"。根据《尚书·禹贡》的记载，九州分别是：徐州、冀州、兖州、青州、扬州、荆州、梁州、雍州和豫州。《禹贡》是战国后期学者所作。九州制只是当时学者对统一后的中国的规划，是一种政治理想。

均"，《礼记》中又有辟雍、上庠、东序亦名东胶、瞽宗4个说法，它们与成均合计为5所大学。

辟雍址选与"相土尝水，法天象地"的建筑思想密切相关。其校址选在一个岛上四周环水，大门外建有便桥，可直通校内，使得闲杂人等不易接近，这就形成了一个雅静而庄重的学习场所。人们就把这环水称之为"雍"，意为圆满无缺。也有的说这圆形水沟里的水，是引雍水而注之，故而称为雍。环水的雍与如"璧园"的圆岛就合称为辟雍。毋庸置疑，辟雍体现了"天人合一"的美学景观。

明堂，是古代帝王所建的最隆重的建筑物，用作朝会诸侯、发布政令、秋季大享祭天，并配祀祖宗。西周明堂制度以明堂为核心，形成一个政教合一的政治体制和宗教、宗法、政治、伦理、教育一体化的意识形态。

东汉史学家、文学家班固在《白虎通》中说：明堂"上圆法天，下方法地，八窗像八风，四闼法四时，九室法九州，十二坐法十二月，三十六户法三十六雨，七十二牖法七十二风。"这段话描述了明堂的形制及其寓意，表现了周人顺应自然、利用自然的意愿。

周天子在明堂有祭祀上天的活动，祭拜是人与"上天"精神的沟通，这些活动都体现"天人合一"的内涵。同时，明堂作为最隆重的建筑物，实现了与自然的和谐共存，也体现了"天人合一"的思想。

事实上，明堂所蕴含的"天人合一"思想是《易经》中的一个重要概念，也是我国传统文化中的一个重要概念。在一定范围内，它已经被视为《易经》乃至整个中华传统文化的核心概念。它不仅是一种人与自然关系的学说，而且也是一种关于人生理想、人生

祭拜 在特定的时候朝拜一些人物神明等的传统，具体的祭祀目的主要是弭灾、求福、报谢。祭祀是华夏礼典的一部分，更是儒教礼仪中最重要的部分，礼有五经，莫重于祭，是以事神致福。祭祀对象分为三类：天神、地祇、人鬼。天神称祀，地祇称祭，宗庙称享。

■ 复原后的春秋时期建筑

干阑 古籍中又作"干栏"、"杆栏"、"阑阑"、"高栏"、"葛栏"、"麻栏"等。干阑式建筑多用于我国南方多雨地区，一般采用底层架空，它具有通风、防潮、防兽等优点，对于气候炎热、潮湿多雨的我国西南部亚热带地区非常适用。古代干阑式建筑的代表是先秦时的楚国建筑，被誉为"干阑文化"。

价值的学说。

自从夏商周三代开始，"相土尝水，法天象地"与礼乐教化相糅合，成为我国古代建筑活动长期遵循的最重要的建筑设计法则，城市建筑尤其如此。春秋时期的伍子胥建造吴国大城时，就曾在事先做了大量这方面的准备工作。

先秦时期的楚国是我国历史上一个举足轻重的国家。楚国哲学的中心问题是天人关系，楚人的哲学世界观是个体本位的"天人合一"。这种世界观在建筑上表现的"干阑文化"，是我国古代南方建筑文化的主体。

"干阑文化"是以木结构为主的建筑体系，向来注重与自然的高度协同，尊重自然，体现"天人合一"的境界。楚建筑始终是"天人合一"与"礼法、宗法制度"的联合体现。

■ 鄂城故址

汉代建筑拜将台

　　楚国建筑成就集中反映在楚都郢城的城市建设上。郢城选址合理，其遗址位于荆州古城东北3千米处，城顺丘陵地势而建，北有纪山，西有八岭山，东北与雨台山相邻，东临诸湖，气候宜人，既无水患可虑，又可引水入城。

　　郢城的布局思想已趋成熟。城东至城西长4450米，城南至城北阔3588米，城墙的周长15506米，共有7座城门，城内有4条古河道。宫城已独立分区，并有较完善的防御设施，外有护城河，内有城垣和瞭望台。严谨规整，气势雄伟。反映了楚国建筑所遵循的"相土尝水，法天象地"的建筑设计法则。

　　郢城宫殿建筑的台榭特点已经形成，台峻高，榭空灵，著名的章华台即筑建于此时。郢都的建筑材料以土、木、石为主，并开始使用铜制构件。

　　在建筑风格上，郢城建筑的屋顶、木构件、飞檐等人性化设计，机智而巧妙的组合所显示的结构美和装饰美本身也体现了楚人"天人合一"的思想。其中的屋顶一般很大，并出现了屋坡的折线"反字"及以后的"举折"的做法。"人"字型的屋顶造型，既扩大了室内的

文化主体

天人合一的思想内涵

■ 大兴城遗址

宇文恺（555年~612年），字安乐，朔方夏州人，后徙居长安。我国隋代城市规划和建筑工程专家。出身武将功臣世家，自幼博览群书，精熟历代典章制度和多种工艺技能。官至工部尚书。他曾经建成大型城市大兴城，在我国城市建筑史上有重要的贡献。

空间感，同时有利于排水。屋顶虽然曲度不大，屋角也没有翘起，但其刚健质朴的气势较浓，则反映了楚人"天人合一"的思想意识。

总的说来，"天人合一"建筑观是楚国古代建筑的中心思想，是楚人的伦理观、审美观、价值观和自然观的深刻体现。楚国独有的干阑式建筑风格等，具有"人性化"设计和"法天象地"的思想，是古代楚国劳动人民智慧的结晶。